国家级教学成果奖

中国人民大学会计系列教材

《管理会计学（第10版·立体化数字教材版）》学习指导书

孙茂竹　支晓强　戴　璐　编著

中国人民大学出版社
·北京·

图书在版编目(CIP)数据

《管理会计学（第 10 版·立体化数字教材版）》学习
指导书/孙茂竹，支晓强，戴璐编著. -- 北京：中国
人民大学出版社，2024.4
　中国人民大学会计系列教材
　ISBN 978-7-300-32558-3

Ⅰ.①管… Ⅱ.①孙…②支…③戴… Ⅲ.①管理会
计一高等学校一教学参考资料 Ⅳ.①F234.3

中国国家版本馆 CIP 数据核字（2024）第 038944 号

国家级教学成果奖
中国人民大学会计系列教材
《管理会计学（第 10 版·立体化数字教材版）》学习指导书
孙茂竹　支晓强　戴　璐　编著
《Guanli Kuaijixue（Di 10 Ban·Litihua Shuzi Jiaocai Ban）》Xuexi Zhidaoshu

出版发行	中国人民大学出版社			
社　　址	北京中关村大街 31 号		**邮政编码**	100080
电　　话	010 - 62511242（总编室）			010 - 62511770（质管部）
	010 - 82501766（邮购部）			010 - 62514148（门市部）
	010 - 62515195（发行公司）			010 - 62515275（盗版举报）
网　　址	http://www.crup.com.cn			
经　　销	新华书店			
印　　刷	天津鑫丰华印务有限公司			
开　　本	787 mm×1092 mm　1/16		**版　　次**	2024 年 4 月第 1 版
印　　张	13 插页 1		**印　　次**	2025 年 2 月第 4 次印刷
字　　数	251 000		**定　　价**	38.00 元

总　序

　　中国人民大学会计系列教材（简称"系列教材"）自1993年推出至今，已30余年。这期间我国经济高速发展，会计制度与会计准则发生巨大变化，大学会计教育无论规模还是质量都有了长足进步。回顾30多年的发展历程，系列教材中每一本的每一版，都在努力适应会计环境和教育环境的变化，尽可能满足高校会计教学的需要。

　　系列教材第1版是由我国当时的重大会计改革催生的。编写时关注两个重点：一是适应我国会计制度的变化，遵循1992年颁布的"两则两制"的要求；二是教材之间尽可能避免内容重复。系列教材包括：《初级会计学》《财务会计学》《成本会计学》《经营决策会计学》《责任会计学》《高级会计学》《财务管理学》《审计学》《计算机会计学》。

　　自1997年10月起，系列教材陆续推出第2版。为适应各院校的课程开设需要，将《经营决策会计学》与《责任会计学》合并为《管理会计学》。

　　自2001年11月起，系列教材陆续推出第3版。根据修订的《中华人民共和国会计法》、国务院颁布的《企业财务会计报告条例》、财政部颁布和修订的企业具体会计准则以及财政部颁布的《企业会计制度》等对教材内容进行修订。

　　自2006年7月起，系列教材陆续推出第4版。进一步修订了教材与2007年1月1日起施行的企业会计准则和中国注册会计师审计准则之间的不协调之处，并将《计算机会计学》更名为《会计信息系统》。

　　自2009年6月起，系列教材陆续推出第5版。对《高级会计学》《财务管理学》《财务会计学》等的框架结构做了较大调整，新增《会计学（非专业用）》一书。

　　自2012年6月起，系列教材陆续推出第6版。针对教育部强化本科教育实务性、应用性的要求，新增"简明版"和"模拟实训"两个子系列，并为《初级会计学》和《成本会计学》配备实训手册。

　　自2014年4月起，系列教材陆续推出第7版。深入阐释了财政部自2014年1月先后发布或修订的多个会计准则，并新增《财务报表分析》一书。

　　自2017年8月起，系列教材陆续推出第8版。体现了营改增、会计准则、增值税税率变化等最新动态，并新增《政府与非营利组织会计》，在"简明版"中新增《会计学》《中级财务会计》。为适应数字化对教学的影响，《财务会计学》率先推出"立体化数字教材版"。

　　自2020年11月起，系列教材陆续推出第9版。根据《高等学校课程思政建设指导纲要》对教材的要求，以及数字时代线上线下教学相结合的特点，着力打造立体化数字教材，并重点体现课程思政等内容。

2023 年是"中国人民大学会计系列教材"出版 30 周年，系列教材陆续推出第 10 版。将党的二十大精神融入教材内容，并开始第二轮立体化数字教材的升级工作，为主要教材配套双题库（主教材和学习指导书），以方便教学。

至此，系列教材围绕核心课程，形成了如下课程体系：

主教材（11 本）	学习指导书（7 本）	模拟实训（5 本）	简明版（7 本）
《会计学》	√		《会计学》
《基础会计（原初级会计学）》	√	√	
《财务会计学》	√	√	《中级财务会计》
《财务管理学》	√	√	《财务管理》
《成本会计学》	√	√	《成本与管理会计》
《管理会计学》	√	√	
《审计学》			
《会计信息系统》			《会计电算化》
《高级会计学》	√		
《财务报表分析》			
《政府与非营利组织会计》			《政府会计》
			《会计专业英语》

系列教材在 30 多年的出版历程中，以高品质荣获众多奖项，并多次入选国家级规划教材。2001 年，系列教材入选由教育部评选的"经济类、管理类专业和法学专业部分主干课程推荐教材"；2003 年，系列教材入选"普通高等教育'十五'国家级规划教材"；2005年，系列教材以"精心组织，持续探索，打造跨世纪会计精品教材（教材）"荣获"第五届高等教育国家级教学成果奖二等奖"；2008 年，系列教材入选"普通高等教育'十一五'国家级规划教材"，其中《会计信息系统》被教育部评为 2008 年度普通高等教育精品教材，《审计学》被评为 2009 年度普通高等教育精品教材，《财务管理》被评为 2011 年度普通高等教育精品教材；2012 年，系列教材入选"'十二五'普通高等教育本科国家级规划教材"；2014 年，系列教材以"以立体化教材建设支撑会计学专业教学改革（教材）"荣获"2014 年国家级教学成果奖（高教类）二等奖"。

《高等学校课程思政建设指导纲要》指出，培养什么人、怎样培养人、为谁培养人是教育的根本问题，立德树人成效是检验高校一切工作的根本标准。具体到会计学专业，在会计准则国际趋同的大背景下，要着力培养既能立足祖国大地又有国际视野的时代新人。基于此，系列教材积极融入习近平新时代中国特色社会主义思想，深刻把握会计学专业学生培养目标，积极应对数字化对教学的冲击和挑战，更加重视学生的长远发展，注重培养学生的基本素质和能力，尤其是培养学生发现问题、分析问题和解决问题的能力。

系列教材是在我国著名会计学家阎达五教授等老一辈会计学者的精心呵护下诞生，在广大兄弟院校的大力支持下逐渐成长的。我们衷心希望系列教材能够继续得到大家的认可，也诚恳地希望大家多提改进建议，以便我们在今后的修订中不断完善。

中国人民大学会计系

前　言

　　本书是《管理会计学（第10版·立体化数字教材版）》配套的学习指导书，用于教材内容的课外学习。本学习指导书主要围绕教材章节的关键知识点提供有针对性的各类练习题，以促进学习者更好地理解和巩固在教材中所学的内容。

　　学习指导书的修订主要结合《管理会计学（第10版·立体化数字教材版）》的修订开展，具体工作如下：

　　（1）基于教材修订内容对学习指导书中各章的习题进行了修正、补充和完善，对不完善之处进行了补充和修正。

　　（2）基于教材内容的修订，同步修订了学习指导书各章习题和教材章后思考题及练习题答案。

　　（3）重点关注论述题和案例分析题的表述是否准确以及分析思路是否清晰，为学生提供更准确、实用的课外学习资料，推动课内外学习与思考的有机结合。

　　（4）为便于学生答题和教师组卷，本书不仅在纸质书上提供客观题（包括判断题、单项选择题、多项选择题）及参考答案，还将客观题制作成线上题库，便于学生随时随地扫码做题，提交后可立即查看分数、答案和详细的解析。

　　上述题库既方便教师安排课堂小测验，又有助于教师利用组卷系统在线生成试卷，线上布置作业、测试和考试，试卷自动打分，教师可随时查看班级作业完成情况，方便教师安排过程考核。

　　网页版题库（tk.rdyc.cn）还支持无限次在线随堂测、期中期末组卷并导出，教师用手机号加验证码登录即可使用。具体使用详情见二维码。

题库使用教程

　　凡购买正版图书的读者，扫描封二贴的二维码卡片并注册后即可免费使用上述资源。

在本学习指导书的修订过程中，龙芳、暴宜飞、徐道胜、史笑宇等同学参与了复核、校对工作，在此表示真诚的感谢。

　　在学习指导书的使用过程中，许多热心读者提出了宝贵的意见和建议，本书作者也充分参考这些意见和建议，在本学习指导书中做出了相应的修订，在此一并感谢广大读者的关爱和支持。

　　由于作者水平有限，不当之处在所难免，恳请读者批评指正，多提宝贵意见，以推动管理会计学教材配套资源的质量不断提升，更好地服务于读者。

目 录

第 1 章
Chapter 1 管理会计概论

☐ 学习目标

1. 通过回顾管理会计的形成与发展，了解技术进步和社会实践对管理会计迭代发展的促进作用，并掌握在新的技术环境（人工智能、区块链、云计算、大数据）中以及在业财融合的趋势下管理会计的作用路径和方法。

2. 掌握管理会计的基本概念和基本理论结构，为构建中国管理会计的理论体系、内容体系、方法体系以及推动管理会计的实践奠定基础。

3. 了解管理会计与财务会计、财务管理的区别与联系，从而在实务中形成既合理分工又相互协调的现代会计体系，为经营管理提供各类会计信息。

☐ 学习指导

一、学习重点

1. 了解管理会计的形成和发展过程，从本质上把握管理会计的价值管理内涵，使之区别于财务会计、财务管理。

2. 了解管理会计的基本理论体系，为后续章节的学习及管理会计实践奠定理论基础，培养同学们的归纳和演绎能力。

3. 掌握以使用价值优化为手段、价值最大增值为目标的管理会计运用理念。

4. 了解管理会计与财务会计、财务管理的区别与联系，培养以价值最大增值为目标的信息整合能力。

二、学习难点

对于刚接触管理会计的学生来说，最难之处在于不了解企业，不了解企业的业务活动，不了解企业业务活动带来的各种运动（物流、资金流、信息流、价值流）及其之间的相互关系，因此理解和掌握管理会计的基本理论体系是比较困难的。在学习过程中，最好深入一个企业（或一个行业），了解该企业业务活动带来的各种运动（物流、资金流、信息流、价值流）及其之间的相互关系，并注意循序渐进，将教材内容与作业相结合。

☐ 练习题

一、名词解释

1. 管理会计
2. 定额管理
3. 班组核算
4. 厂币核算制
5. 厂内银行
6. 战略管理
7. 价值链分析
8. SWOT 分析
9. 管理会计的对象
10. 管理会计循环

第 1 章判断题
即测即评

二、判断题

1. 管理会计是以使用价值管理为基础的价值管理活动。（　　）

2. 战略管理会计认为，有效的评价并不在于使用财务指标还是非财务指标，而在于它能够发现企业存在的问题。（　　）

3. 管理会计的最终目标是实现企业价值的最大增值。（　　）

4. 管理会计与财务会计对企业的经营活动及其他经济事项的确认标准是一致的。（　　）

5. 管理会计的计量基础不是历史成本，而是现行成本或未来现金流量的现值。（　　）

6. 与财务会计相比，管理会计的职能侧重于对未来的预测、决策，财务会计的职能侧重于核算和监督。（　　）

7. 管理会计既要提供反映企业整体情况的信息，又要提供反映企业内部各责任单位经营活动情况的信息；财务会计以企业为主体，提供整个企业财务状况、经营成果和资金变动的会计信息。（　　）

8. 管理会计受会计准则、会计制度的制约，同时企业亦可根据管理的实际情况和需要确定其处理方法。（　　）

9. 战略管理会计与企业战略管理密切联系，它运用灵活多样的方法收集、加工、整理与战略管理相关的各种信息，并据此协助企业管理层确立战略目标，进行战略规划并评价企业的管理业绩。（　　）

10. 承包经营责任制是在坚持企业的社会主义全民所有制的基础上，按照收

益权与管理权分离的原则，以承包经营合同形式，确定国家与企业的权、责、利
关系，使企业做到自主经营、自负盈亏的经营管理制度。　　　　　　（　　）

11. 管理会计提交报告的对象局限于企业内部各管理层级。　　　　（　　）

12. 凡是资产，都是企业的资源。　　　　　　　　　　　　　　（　　）

13. 资产的价值取决于购买，如购买一个水杯，花费 100 元，其价值就是
100 元。　　　　　　　　　　　　　　　　　　　　　　　　　（　　）

14. 管理会计致力于优化使用价值的生产和交换过程（这是基础）以及价值
分析和评估（这是根本）。　　　　　　　　　　　　　　　　　（　　）

15. 资源的价值取决于资源使用的效率，效率越高则经济效益越好。（　　）

16. 流程是指完成一项工作所需要做的作业及其相互衔接的顺序，管理会计
研究流程主要是为了解决干什么的问题。　　　　　　　　　　　（　　）

17. 管理会计、财务会计、财务管理的本质是相同的，因为它们都是现代会
计的分支。　　　　　　　　　　　　　　　　　　　　　　　　（　　）

18. 如果严格遵守会计准则和会计制度，资产是不会被高估或低估的。

（　　）

19. 虽然财务管理、管理会计与财务会计的服务对象有内外之分，但并不是
绝对和唯一的。　　　　　　　　　　　　　　　　　　　　　　（　　）

三、单项选择题

1. 下列项目中不属于管理会计的基本特征的是（　　）。

A. 预测　　　　　　　　　　　B. 计量

C. 估值　　　　　　　　　　　D. 计量和估值

第 1 章单项选择题
即测即评

2. 管理会计（　　）。

A. 具有统一性和规范性

B. 必须遵循公认的会计准则

C. 基于使用价值进行价值管理

D. 方法单一

3. 管理会计的服务侧重于（　　）。

A. 股东　　　　　　　　　　　B. 外部集团

C. 债权人　　　　　　　　　　D. 企业内部管理

4. 从管理体现经济效益的角度来看，管理会计的对象是（　　）。

A. 企业生产经营活动

B. 以使用价值管理为基础的价值管理活动

C. 企业的资金运动

D. 企业的会计信息

5. 管理会计与财务会计的关系是（　　）。

A. 起源相同、目标不同

B. 目标相同、基本信息同源

C. 基本信息不同源、服务对象交叉

D. 服务对象交叉、概念完全相同

6. 管理会计的最终目标是（　　）。

A. 实现企业价值的最大增值　　　　B. 为管理和决策提供信息

C. 参与企业的经营管理　　　　　　D. 为资本市场的有效管理提供信息

7. 下面各理论或学派中，影响以预测、决策为基本特征的管理会计的是（　　）。

A. 官僚学派　　　　　　　　　　　B. 科学管理学派

C. 行为科学　　　　　　　　　　　D. 行政管理学派

8. 管理会计的最终对象是企业的（　　）。

A. 生产经营活动　　　　　　　　　B. 使用价值的生产和交换过程

C. 价值的转移和增值过程　　　　　D. 资金运动

9. 管理会计研究作业，是为了在管理的最小单位解决（　　）的问题。

A. 做不做　　　　　　　　　　　　B. 干什么

C. 怎么做　　　　　　　　　　　　D. 做得如何

四、多项选择题

第1章多项选择题
即测即评

1. 下列项目中可以作为管理会计的主体的有（　　）。

A. 企业整体

B. 分厂

C. 车间

D. 班组

E. 个人

2. 下列关于管理会计的叙述中，正确的有（　　）。

A. 提供的信息相对精确

B. 可以提供未来信息

C. 以责任单位为主体

D. 必须严格遵守公认的会计准则

E. 重视管理过程和职工的作用

3. 现代管理会计的主要特点体现在（　　）。

A. 同时兼顾企业生产经营的整体和局部

B. 侧重为企业内部的经营管理服务

C. 广泛地应用数学方法

D. 方式方法更为灵活多样

E. 注重历史描述

4. 下列各项中属于管理会计与财务会计的区别的有（　　）。

A. 会计主体不同
B. 基本职能不同

C. 工作依据不同
D. 具体工作目标不同

E. 方法及程序不同

5. 管理会计循环包括（　　）。

A. 预算编制
B. 考核

C. 过程控制
D. 估值

E. 报告

6. 管理会计应向各级管理人员提供（　　）。

A. 与预算编制、过程控制、报告、考核有关的各类信息

B. 历史信息和未来信息

C. 与维护企业资产安全、完整及资源有效利用有关的各类信息

D. 与股东、债权人及其他外部利益相关者的决策有关的信息

E. 经营管理者所需要的全部信息

7. 厂内银行一般是由企业财会部门设置内部银行作为全厂的内部结算中心，行使（　　）职能。

A. 结算
B. 提供信息

C. 资金监督
D. 核算

8. 在以标准成本控制为基本特征的管理会计阶段，对管理会计的形成与发展影响较大的理论学派有（　　）。

A. 官僚学派
B. 科学管理学派

C. 凯恩斯主义学派
D. 行政管理学派

E. 供给学派

9. 在以标准成本控制为基本特征的管理会计阶段，管理会计的主要内容包括（　　）。

A. 标准制定
B. 预算控制

C. 预算
D. 决策

E. 差异分析

10. 在以预测、决策为基本特征的管理会计阶段，管理会计的主要内容包括（　　）。

A. 预算
B. 控制

C. 预测
D. 考核和评价

E. 决策

11. 管理会计的基本特征包括（　　）。

A. 计量　　　　　　　　　　B. 报告

C. 预算　　　　　　　　　　D. 估值

E. 确认

12. 管理会计的作用基点包括（　　）。

A. 资源　　　　　　　　　　B. 信息

C. 作业　　　　　　　　　　D. 流程

E. 业务

13. 企业的生产经营活动是管理学各门课程共同的研究对象，但各门课程之所以能够相互区分开来，是因为它们（　　）进行研究。

A. 基于不同目的　　　　　　B. 从不同角度

C. 采用不同方法　　　　　　D. 在不同层面

E. 以不同部门

14. 管理会计以（　　）为主体，通过计量和估值，对企业的价值转移和价值增值活动进行规划和控制，实现价值最大化。

A. 企业　　　　　　　　　　B. 企业内部的责任单位

C. 投资者　　　　　　　　　D. 债权人

E. 国家管理部门

15. 作为营利组织，企业的管理会计（　　）实现价值最大增值的目的。

A. 以生产经营活动中的价值形成和价值增值过程为直接对象

B. 通过对使用价值的生产和交换过程的优化

C. 提供信息

D. 参与决策

E. 进行管理

16. 管理会计的业财融合必然基于（　　）三个基点进行计量、估值。

A. 资源　　　　　　　　　　B. 作业

C. 流程　　　　　　　　　　D. 资产

E. 权益

17. 资源的价值取决于（　　），它们共同构成了经济效益的内涵。

A. 资源使用的效率　　　　　B. 资源使用的效果

C. 资源的数量　　　　　　　D. 资源的构成

E. 资源的质量

18. 按照对价值的贡献，作业可以区分为（　　）。

A. 增值作业　　　　　　　　B. 不增值作业

C. 低增值作业　　　　　　　D. 高增值作业

E. 无效率作业

19. 现代会计包括（   ）。

A. 财务会计   B. 管理会计

C. 财务管理   D. 审计

E. 环境会计

20. 管理会计活动是由企业的（   ）组织和落实的。

A. 业务部门   B. 财务部门

C. 会计部门   D. 审计部门

E. 计划部门

五、简答题

1. 从标准成本法到责任成本法再到作业成本法的管理会计发展和演变过程给我们带来哪些启示？

2. 什么是纵向价值链？纵向价值链分析的主要内容和目的是什么？

3. 什么是横向价值链？横向价值链分析的主要内容和目的是什么？

4. 什么是内部价值链？内部价值链分析的主要内容和目的是什么？

5. 为什么管理会计的对象是以使用价值管理为基础的价值管理活动？请说明理由。

6. 请结合中国企业的管理会计实践，谈谈管理会计的系统构建。

7. 研究管理会计与财务会计、财务管理的关系有何意义？

练习题参考答案

一、名词解释

1. 管理会计，是以使用价值管理为基础的价值管理活动，它运用一系列专门的概念和方法，通过计量和估值，为预算编制、过程控制、报告、考核提供信息，并参与企业的经营管理。

2. 定额管理，是关于定额制定、执行、协调、控制等一系列活动的总称。主要内容有：（1）根据企业的实际情况，并考虑影响定额水平的各种因素来制定和修订定额；（2）采用行之有效的技术措施，保证各项定额的实施、检查、评定、统计和平衡；（3）定额类型分为劳动定额、资金定额、物资消耗定额等；（4）定额管理的原则是集中管理与分级管理相结合，专业管理与群众管理相结合。

3. 班组核算，是以生产班组为基本核算单位，实施厂部、车间、班组三级核算的民主管理、群众理财的厂内经济核算制度。主要内容包括：（1）根据"干什么，管什么，算什么"和以生产为中心的原则建立适应班组生产和经营特点的核算组织。（2）确定适合班组生产特点的经济核算指标。指标要通俗易懂、简便易行，明确班组和个人的经济责任。（3）做好定额管理、原始记录、计量验收等各项基础工作。做到事事有记录，考核有依据，计量有标准。(4) 建立严格的考核、检查评比和奖惩制度。(5) 做到以较少的劳动耗费，取得较多的劳动成果，保证厂级和车间各项指标的完成。

4. 厂币核算制，是指对企业内部各部门、各车间之间发生的经济业务采用厂币（本票）形式进行相互结算，以控制成本支出和流动资金占用量的管理制度。

5. 厂内银行，是仿照国家银行的结算方法，对企业内部各部门、车间之间的经济业务进行结算和监督的单位。一般由企业财会部门设置内部银行作为全厂的内部结算中心，行使结算职能、核算职能、提供信息职能、资金监督职能。企业全面实行厂币核算制，由厂部核定各车间的周转金并发放厂币，如车间转移其半成品或产品，必须收取厂币，作为其领用材料、支付工资费用之用。收支差额即为其利润或亏损。对于无收入的费用支出单位，由财务科按其费用预算发放厂币。

6. 战略管理，是管理者在确立企业长期目标、综合分析内外部相关影响因素的基础上，制定实现目标的战略，并执行和控制战略实施的过程。

7. 价值链分析，由迈克尔·波特于 1985 年提出。他将一个企业的经营活动分解为若干与战略相关的价值活动，并认为每一种价值活动都会对企业的相对成本产生影响，进而成为企业采取差异化战略的基础。

8. SWOT 分析，SWOT 是英文 strength（优势）、weakness（劣势）、opportunity（机会）、threat（威胁）的首字母组合，SWOT 分析旨在确认企业各项经营业务面临的优势、劣势、机会与威胁，并据此选择企业战略。

9. 管理会计的对象，是以使用价值管理为基础的价值管理活动。

10. 管理会计循环，又称管理会计的实施过程，包括四个环节：预算编制、过程控制、报告和考核。

二、判断题

1. √　　2. √　　3. √　　4. ×
5. √　　6. √　　7. √　　8. ×
9. √　　10. ×　　11. ×　　12. ×
13. ×　　14. √　　15. ×　　16. ×
17. ×　　18. ×　　19. √

三、单项选择题

1. A　　2. C　　3. D　　4. B
5. B　　6. A　　7. C　　8. A
9. A

四、多项选择题

1. ABCDE	2. ABCE	3. ABCD	4. ABCDE
5. ABCE	6. ABCD	7. ABCD	8. ABD
9. ABE	10. ABCDE	11. AD	12. ACD
13. ABCD	14. AB	15. ABCD	16. ABC
17. AB	18. ABCD	19. ABC	20. ABCDE

五、简答题

1. 从标准成本法到责任成本法再到作业成本法的管理会计发展和演变过程给我们带来哪些启示？

答：启示在于：

（1）管理会计是为了适应企业内部管理的需要而产生和发展起来的，与人们不断加深对管理本质的认识密切相关。

（2）管理会计是基于使用价值的优化达到价值最大化的统一体，从标准成本法重视使用价值的管理（表现为生产经营过程的标准化、程序化，最终形成标准成本管理），到责任成本法重视生产过程中人的管理（表现为以责、权、利统一为基础的责任成本核算与管理），再到作业成本法将使用价值的管理（表现为将人的责任和生产经营过程的价值创造相结合的流程管理、作业管理）与生产过程中人的管理结合起来，无一不体现价值最大化的目的。

（3）管理会计致力于将内部管理与对外报告、战略规划与战术安排有效结合起来，以形成完整、有效的管理会计系统，提供信息，参与管理。

2. 什么是纵向价值链？纵向价值链分析的主要内容和目的是什么？

答：纵向价值链将最终产品看作一系列价值活动的集合体，企业只是整个价值链中的一环或几环。这样，企业可以从整体价值链上分析本企业生产产品的成本和收益，从合理分享利润的角度进行战略规划。

企业价值链与供应商价值链之间的联系可以通过采购活动实现，与顾客价值链之间的联系则可以通过销售和服务活动实现。这种联系可以向上延伸至原材料的最初生产者（或供应者），向下延伸到使用产成品的最终用户，形成一条从原材料投入到产成品提供给最终用户的由所有价值转移和增值环节构成的纵向价值链。例如，从勘探、采矿、炼铁、炼钢、轧钢、零部件制造、总装到销售，就是一条完整的汽车生产的纵向价值链。

纵向价值链分析旨在确定企业在哪一个或哪几个价值链环节中参与竞争，具体包括：（1）产业进入和产业退出的决策。企业可以通过对纵向价值链上不同产业在整个纵向价值链利润共享情况的分析，以及对该产业未来发展趋势的合理预期做出进入或者退出某一产业的战略决策。如冶金企业是否进入采矿业。（2）纵向整合的决策。即根据竞争战略和市场需求等在某一产业范围内对现有生产过程进行扩张或收缩。例如，纺纱厂是否向下游扩张进入织布或印染领域；纺纱厂是否将去籽转移给农民做等。

对纵向价值链的研究能保证企业准确确定市场定位。

3. 什么是横向价值链？横向价值链分析的主要内容和目的是什么？

答：某一最终产品的生产是由不同企业通过多种途径和组合方式来完成的，在整个社会空间上必然存在一系列互相平行的纵向价值链，所有互相平行的企业之间就形成了一种产业内相互影响、相互作用的内在联系（即横向价值链）。这种横向价值联系实际是一个产业的内部联系，其相互影响和相互作用的结果决定了产业内部各企业之间的相对竞争地位，并对企业价值最大化的实现产生重要影响。例如，一汽、上汽、北汽等生产轿车的企业之间的关系，即为横向价值链。

横向价值链分析就是对一个产业内部的各个企业之间的相互作用的分析，通过横向价值链分析可以确定企业与竞争对手之间的差异，从而确定能够为企业取得相对竞争优势的战略。

对横向价值链的研究能保证企业准确确定竞争定位。

4. 什么是内部价值链？内部价值链分析的主要内容和目的是什么？

答：企业内部价值活动是企业在经济和技术上有明确界限的各项活动，是创造对顾客有价值的产品的基础。这些相互联系的价值活动往往被看作服务于顾客需要而设计的一系列作业的集合体，并形成一个有机联系的作业链，即内部价值链。

企业内部价值链分析的主要内容包括：（1）生产经营活动；（2）基本职能活动；（3）人力资源管理活动。

纵向价值链分析的结果在于确定企业应该生产什么，横向价值链分析则指出企业生产该种产品的竞争优势所在和相关的限制条件。上述分析的结果最终要通过企业内部价值链的优化来落实。

5. 为什么管理会计的对象是以使用价值管理为基础的价值管理活动？请说明理由。

答：（1）从本质上讲，管理会计的最终对象是企业的生产经营活动。

（2）管理会计的直接对象是企业生产经营活动的价值活动。管理会计通过优化使用价值的生产和交换过程，提供信息并参与决策，实现价值的最大增值。

（3）管理会计的对象具有复合性特征。一方面，管理会计致力于优化使用价值的生产和交换过程（这是价值管理的基础），在过程中强调作业管理（从产生标准成本法的时间管理、动作管理起，管理会计就开始重视优化使用价值的生产和交换过程，并一直延续下来），区分有用作业和无用作业，低效率作业和高效率作业，并致力于消除无用作业、减少低效率作业。另一方面，在价值形成和价值增值过程中，管理会计强调加强价值分析和评估（这是价值管理的根本），在过程中强调价值转移、价值增值与价值损耗之间的关系（价值转移是价值增值的前提，减少价值损耗是价值增值的手段）。

正因为管理会计对象具有复合性这一特征，使用价值管理和价值管理才得以统一，并构成完整的管理会计对象。

6. 请结合中国企业的管理会计实践，谈谈管理会计的系统构建。

答：进入 21 世纪，中国企业管理会计实践从关注成本，拓展到了更广泛的领域，并基于竞争进行了全方位的实践和系统构建，取得了亮眼的成果。

许多企业根据自身环境和管理需要，进行了大量成功的管理会计实践，例如，神华集团在集团层面建立了"预算管理、决策支持、管理分析报告"三合一的管理会计系统，项目层面则借助"业务模型化"厘清了内部产业链，管理人员通过盈利现状分析和场景模拟实现最终的决策支持。青岛啤酒集团建立了以 EVA 为中心的目标管理体系，实现了业务流程的事前决策、事中监控和事后评价，管理层决策变得更加敏捷和高效。上海宝钢集团以经营计划为导向、年度预算控制为目标、滚动执行预算为手段，建立了覆盖公司生产、销售、投资、研发环节的全面预算管理体系。中国南方工业集团构建了以集团公司发展战略（strategy）为牵引，以优化配置资源（resource）为核心，以有效管理风险（risks）为重点，以持续创造企业价值（value）为目标的"SRRV"集团化管控模式，帮助企业管理风险并创造价值。联想集团依托 SAP R/3 技术（功能涵盖企业的财务、人力资源、后勤等方面的 ERP 系统）实现了企业"价值链"的梳理与重整，并在每个价值活动环节设置了管理会计模块，为企业未来进行"价值链"优化提供了广阔空间。华为公司则在"集权"与"分权"中寻求平衡，建立起"预算管理委员会－业务线预算管理部－销售区预算分会"三级预算体系，并建立了专门的考核机制——KPI 关键指标考核体系（平衡计分卡工具）。

中国企业的管理会计实践，极大地拓展了管理会计的广度和深度，为中国管理会计的体系建设提供了坚实的基础。

7. 研究管理会计与财务会计、财务管理的关系有何意义？

答：讨论管理会计与财务会计、财务管理的关系，不仅是为了从理论上把握它们各自的特定内涵，更重要的是在业财融合的目标下行之有效地开展会计工作，尤其是管理会计工作，充分发挥其价值创造的作用。研究管理会计与财务会计、财务管理的区别，是为了明确各自的任务，做好本职工作：财务会计要提供与决策相关的信息，解决信息有用性问题；管理会计要利用信息有效拟订方案，优选方案，解决优化决策问题。研究管理会计与财务会计、财务管理的联系，是为了在合理分工的基础上开展有效的合作。

财务会计的本质在于：以货币为统一计量单位，以资产、负债、所有者权益、收入、成本（费用）、利润为核算对象，以记账、算账、报账为基本方法，以凭证、账簿、报表为基本载体，通过确认和计量，反映企业的财务状况、经营成果和现金流动情况。可以说，财务会计反映已经发生或已经完成的经济活动和事项，提供的是历史数据。

财务管理的本质在于：以货币为统一计量单位，以资金运动为管理对象，通过对现金流入、现金流出、现金结存进行确认和计量，运作资金、提高资金的使用效率和使用效果。可以说，财务管理通过调度和使用资金来满足生产经营的需要，提高企业的经济效益。

管理会计的本质在于：以货币为基本计量单位（辅以非货币计量单位），以使用价值生产和交换过程的优化为手段、以价值转移和增值过程为管理对象，通过计量和估值，实现企业价值的最大增值。

教材习题解析

一、思考题

1. 西方管理会计的形成与发展揭示了哪些基本规律？你从中得到哪些启示？

答：管理会计是为了适应企业管理发展的要求而形成和不断发展、完善的。新的管理理论的形成及推广运用总是源于企业实践的需要，并随着实践的发展而发展。相应地，管理会计的理论与技术方法也会随着管理理论的发展而发展，必然使管理会计定义不断丰富、清晰、完整，促进管理会计基本理论框架的建立与完善。

20 世纪初，伴随西方工业革命而来的社会化大生产使企业意识到，必须通过提高生产效率来降低产品成本，以获取最大的利润。在官僚学派、科学管理学派、行政管理学派的影响下，现代会计最终分化为财务会计、财务管理和管理会计，进入以标准成本控制为基本特征的管理会计阶段。

第二次世界大战后，科学技术的发展使社会生产力得到了迅速的发展，跨国公司大量涌现，西方管理理论出现了行为科学理论、系统理论、决策理论，进入以预测、决策为基本特征的管理会计阶段。

进入 20 世纪 70 年代，全球化竞争要求企业进行"顾客化生产"，战略管理理论逐步发展完善，进入以重视环境适应性为基本特征的战略管理会计阶段。

启示：管理会计的历史证明，管理会计的形成与发展受社会实践及经济理论的双重影响。一方面，社会经济的发展要求加强企业管理；另一方面，经济理论的形成又使这种要求得以实现。管理会计在其形成与发展的各个阶段，无不体现着这两方面的影响。一方面，管理会计的理论和技术方法会随着管理理论的发展而发展；另一方面，只有新的管理会计的理论和技术方法发展了，才能满足新的管理理论实践的需要。在经济理论与管理会计演化的历史长河中，经济理论历来揭示经济的本质及运行目标，而管理会计则为体现这种本质并为其顺利运行提供理论和技术方法上的保障。

2. 中国管理会计的引进和发展有什么特点？你从中得到哪些启示？

答：随着管理会计的引进、实践和探索，管理会计在中国企业中逐渐本土化，正在形成具有中国特色的现代企业管理体系。

管理会计理论发展与教学同步进行。中国管理会计的引进伴随着传统会计向现代会计的转变，此后多位著名学者在不同时期极大地推进了中国现代管理会计的教学与研究，推动了对西方财务会计和管理理论的学习、利用。

管理会计实践为中国管理会计体系建设提供坚实基础。新中国成立以来，企业一直在不同维度进行管理会计相关实践，并取得了巨大的成就。企业精神的塑造成为社会主义企业管理的灵魂。新中国成立初期，计划经济体制下的中国企业开始推行以成本管理为核心的内部责任会计；进入 21 世纪，中国企业管理会计实践从关注成本，拓展到了更广泛的领域，并基于竞争进行了全方位的实践和系统的构建。

相关制度的完善推动了管理会计的系统研究与体系建设。中国的企业家和学者在财政部的统一领导下基于实践经验展开了系统的体系研究；相关专业研究会的成立和运行，促进了管理会计理论和实践的结合；国家政策法规的颁布和执行，规范了管理会计活动，完善了管理会计方法；管理会计体系的建设，促进了中国管理会计的繁荣发展。

启示：中国管理会计的发展和研究，一方面需要学习、利用国外先进思想和理论成果，另一方面需要学者、教育家探索具有中国特色的管理理论、培养本土化管理人才。而管理会计的本土化离不开企业的实践探索，也离不开制度的完善和推动。

3. 管理会计是信息系统还是管理活动？二者是对立关系还是关联关系？你有哪些想法和心得体会？

答：管理会计既是会计信息系统的一部分，也是管理活动必不可少的一环，两者是相辅相成的关联关系。管理会计、财务会计、财务管理最终都反映企业的生产经营过程和结果，但却以不同角度、通过不同手段和方式向企业内部和外部管理者提供信息，实现价值的最大增值。它们之间又相互配合，构成完整的会计信息系统，并体现业务与财务相融合的管理要求。

管理会计是以使用价值管理为基础的价值管理活动，它运用一系列专门的概念和方法，通过计量和估值，为预算编制、过程控制、报告、考核提供信息，并参与企业的经营管理。

想法和心得体会：将管理会计定义为信息系统或者管理活动并无绝对矛盾，只是看问题的角度不同，都是管理会计作为会计学分支需要完成的职责。

无论侧重哪一方，最终目标都是实现价值增值的最大化，服务于企业的生产经营活动。

4. 如何理解管理会计的对象的复合性？对业财融合的正确把握有何意义？

答：管理会计的对象的复合性体现在两方面：

一方面，管理会计致力于优化使用价值的生产和交换过程（这是价值管理的基础），在过程中强调作业管理（从产生标准成本法的时间管理、动作管理起，管理会计就开始重视优化使用价值的生产和交换过程，并一直延续下来），区分有用作业和无用作业，低效率作业和高效率作业，并致力于消除无用作业、减少低效率作业。这一区分以及对于使用价值生产和交换过程的优化能帮助企业在作业和流程层面正确把握业财融合。

另一方面，在价值形成和价值增值过程中，管理会计强调加强价值分析和评估（这是价值管理的根本），在过程中强调价值转移、价值增值与价值损耗之间的关系（价值转移是价值增值的前提，减少价值损耗是价值增值的手段）。这就要求以价值增值最大化为目标，帮助企业在资源层面进行财务计算和决策，把握业财融合理念，更好地发挥管理会计价值创造作用。

正因为管理会计对象具有复合性这一特征，使用价值管理和价值管理才得以统一，并构成完整的管理会计对象，从而完整把握业财融合之道。

5. 管理会计的基本特征为什么是计量和估值？它与财务会计的计量有何不同？

答：管理会计实现价值管理必须完成两个基本任务：提供信息和参与决策。若要完成这两个基本任务，管理会计必须在确认的基础上具备两个基本特征：计量和估值。计量是信息有用性的一个基本特征，通过数据形式解决信息的偏差问题。管理会计之所以是会计，就在于它以会计特有的概念、方法和思维解释、计量和使用信息，这是其本质所在。离开了计量就无所谓会计，更无所谓管理会计。计量是为了科学且有效地选择最优方案或结果。管理会计之所以是应用于管理的会计，就在于它是利用会计计量属性，量化形成方案、比较优劣、选择最优方案的估值过程，并在实施方案的过程中监督和评价方案，更主动地参与企业的生产经营管理。

与财务会计以货币计量为基础、反映财务会计信息不同，管理会计主要采用货币计量，但也采用其他计量反映使用价值和价值信息。提供的信息既有财务信息，又有非财务信息；既有反映已经发生和完成的信息，又有反映未来发生和将要完成的信息；既有反映企业自身状况的信息，又有反映与竞争企业相关的信息。可以说，管理会计的计量具有更广阔的管理视角，兼顾了市场、竞争对手和企业内部管理的需要。

6. 如何理解资源与作业、流程之间的关系？

答：从资源、作业、流程之间的关系看（如图 1-1 所示）：作业消耗资源，因此按消耗资源的种类和数量归集到作业上，形成作业成本；流程是连接作业和管理对象的桥梁，按照作业与管理对象的联系，最终作业在管理对象（如产品、服务、责任中心等）的引导下通过流程归集到管理对象上；产品消耗作业，因此作业成本是按管理对象消耗作业的种类和数量归集到管理对象上，形成管理对象的成本。

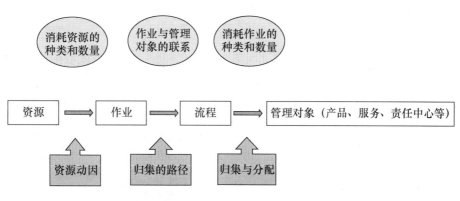

图 1-1　资源、作业、流程之间的关系

7. 管理会计与财务会计在管理中能否结合应用？请举例予以说明。

答：管理会计与财务会计在管理中可以结合应用。

从会计职能角度看，财务会计与管理会计是相互渗透的。财务会计的职能是核算与监督，而管理会计的职能是计划、控制、决策。核算为企业决策、计划奠定基础，监督则是对企业在整个经济活动过程中的合理性、合法性和有效性进行的控制。管理会计经常直接应用财务会计的记账、算账和报账的资料进行分析研究，并根据这些资料进行必要的调整和延伸，使它们更有效地为加强企业内部管理服务。例如，在财务会计满足对外报表进行成本计算的过程中，管理会计运用标准成本法、责任成本法、作业成本法、质量成本管理、功能成本管理等一系列方法进行成本控制；在财务会计基础上，管理会计产生和发展了机会成本、固定成本和变动成本、付现成本和沉没成本、约束成本和酌量成本等进行预测和决策；在财务会计对企业生产经营活动进行事后核算的基础上，管理会计进行事前预测、事中控制、事后考核等。这些都反映了财务会计与管理会计的天然联系和自然结合，这为会计工作的重新思考和融合奠定了基础。

二、练习题

1. 答：

财务会计：根据权责发生制，当期 280 元的搬运费计入制造费用，由使用的 6 吨材料承担，最终分配给生产出来的产品。单位成本为 46.67 元/吨（280÷6）。

管理会计：根据动因分配，280 元搬运费分配在每吨搬运作业上的成本为 28 元（280÷10）。最终有 6 吨的搬运作业作用在产品上，因此单位成本为 28 元/吨（28×6÷6）。

2. 答:

(1) 从财务会计角度看，这样的结果是好的，因为实现利润 3 000 万元，净利润 2 250 万元，业绩表现良好。

(2) 从财务管理角度看，如果甲企业 1 月 1 日实现销售收入 1 亿元，而这笔钱在 12 月 31 日才收到，由于权责发生制和收付实现制的差异，就会因账面利润导致损失（见图 1-2）。

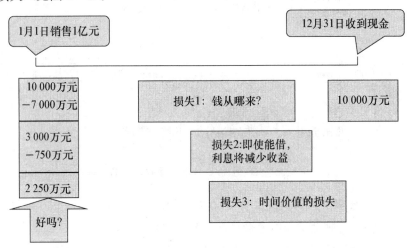

图 1-2　账面利润导致的损失示意图

通过确认和计量，这种损失一般包括三个部分:

1) 账面损失: 如果借贷利率为 7%，为维持简单再生产及缴纳税款需借款 7 750 万元，则账面可计量损失为 542.5 万元。

2) 显性损失: 如果该期间平均收益率为 10%，则时间价值损失为 909 万元，于是可计量的显性损失为 1 451.5 万元（542.5+909）。

3) 隐性损失: 如果资金链断裂导致企业破产，则该项损失为隐性损失，既无法计量又无处反映，影响更大。

(3) 从管理会计角度看，信息反映物流与资金流的不一致给企业造成重大损失，其中可计量的显性损失达到 1 451.5 万元。基于价值创造的思考，管理会计可以通过不同方案的设计和优选达到价值增值的目的。例如，销售部门首先应加强应收账款的管理，缩短收账时间，如采用现金折扣等方法；其次可以变应收为现金结算，如采用销售折扣等方法。

3. 答:

(1) 从财务管理角度看，安邦集团是通过加杠杆（即利用负债）的方法来实现疯狂扩张。合理利用负债能使企业获得超额收益和实现扩张，但不合理利用负债也会对企业产生损害。过度负债（619 亿元的注册资本，总资产却达到近 2 万亿元）可能对安邦集团造成致命损害。

（2）从财务会计角度看，对外投资采用成本法、权益法、合并报表等会计政策会直接影响账务处理及报表编制，并使安邦集团能够以很小的资本投入得以疯狂扩张。例如，除合并报表外，无论采用成本法还是权益法都无法完整、全面地反映安邦集团真正的财务状况，从而为各种操纵提供了掩护。

（3）从管理会计角度看，除对外投资采用成本法或权益法带来的影响外，对于公司的投资（主要形成注册资本）并不考虑资金的性质（无论是投资者的钱，还是借贷资本，在此都以注册资本的形式表现），因而集团公司往往能够以很少的自有资本驱动大量的借贷资本。赚则两利，损则一损（借贷资本的损失），从而加大了风险。因此，应通过终极控制人披露的要求加强对诸如安邦集团、海航集团等的监管，保障企业的健康发展及资本市场的有效运行。

C 第 2 章

Chapter 2 成本性态与变动成本法

☐ 学习目标

1. 理解成本性态的概念与成本性态分析的基本原理。
2. 掌握混合成本分解的方法及其作用。
3. 理解变动成本法的意义,掌握它与完全成本法的差别及其形成原因。
4. 理解和掌握经营决策常用的成本概念。

☐ 学习指导

一、学习重点

1. 了解成本按经济用途分类、按性态分类的意义,为整合成本信息,理解和把握管理会计理论体系、内容体系和方法体系奠定基础。

2. 理解固定成本、变动成本和混合成本的定义、特性、内容和相关范围,为以后相关章节的学习及混合成本的分解奠定基础。

3. 掌握混合成本分解方法(历史成本法、账户分析法)的基本原理和优缺点,并能结合具体项目进行有效分解。

4. 掌握变动成本法和完全成本法的原理、特点及其差异。

二、学习难点

1. 不同成本分类方法下不同成本概念的区别、联系及其应用环境,体现的是"不同目的、不同成本"的需要,应围绕这一阐述理解和把握。

2. 对变动成本法和完全成本法的理解和把握,重点不仅在于二者内容上的差异,还在于二者所带来的思维上的差异。因此,如何从一个全新的角度正确解释二者在产品成本的构成内容、存货成本的构成内容和各期损益影响等方面的差异，以及如何反思和运用变动成本法及完全成本法是一个实践难点，在学习过程中应多加注意。

练习题

一、名词解释

1. 固定成本
2. 变动成本
3. 半变动成本
4. 相关成本
5. 机会成本
6. 边际成本
7. 沉没成本
8. 付现成本
9. 变动成本法
10. 完全成本法

二、判断题

1. 间接人工是指为生产提供劳务而不直接进行产品制造的人工成本，如企业管理人员的工资。　　　　　　　（　　）

2. 生产自动化水平的提高会导致制造费用在生产成本总量中所占比重增大，生产专业化分工的加深会导致制造费用的形式更加间接化。　　　　　　　　　　　　（　　）

第 2 章判断题
即测即评

3. 固定成本是指成本总额在一定期间和一定业务量范围内，不受业务量变动的影响而保持不变的成本。　　　（　　）

4. 若从单位业务量所负担固定成本多寡的角度来考察，固定成本则是一个变量。　　　　　　　　　　　　　　　　　　（　　）

5. 约束性固定成本通常由企业管理者在每一个会计年度开始前制定年度预算，一旦预算制定之后，将对年度内固定成本的支出起约束作用。　（　　）

6. 由于酌量性固定成本的大小完全取决于管理者的决策，它并不能形成顾客所认为的价值，因此，在进行成本控制时应尽量压缩其总量。　（　　）

7. 约束性固定成本作为经营能力成本这一性质决定了该项成本的预算期通常比较长，约束性固定成本预算应着眼于经济、合理地利用企业的生产经营能力。　　　　　　　　　　　　　　　　　　　　（　　）

8. 从短期决策的角度看，酌量性固定成本与经营能力成本均与企业的业务量水平无直接关系。　　　　　　　　　　　　　（　　）

9. 相关成本与无关成本的区分并不是绝对的。　　　（　　）

10. 如果把不同产量作为不同方案来理解，边际成本实际上就是不同方案形成的差量成本。　　　　　　　　　　　　　　　（　　）

11. 变动成本可以按其所涉及范围的大小，划分为专属成本和联合成本。
　　　　　　　　　　　　　　　　　　　　　　　　　　（　　）

12. 固定成本按照是否能够随管理行为改变而改变，划分为相关成本和无关成本两部分。（　　）

13. 专门生产某种产品的专用设备折旧费、保险费属于该产品的专属成本。（　　）

14. 联合成本是由多个产品或部门共同负担的成本，因此属于相关成本，决策时应予以考虑。（　　）

15. 约束性固定成本不随经营管理者的决策而发生变动，因此是无关成本，决策时不予考虑。（　　）

16. 公司购买的可转让债券，既可以到期获得约定收益，又可以在未到期前中途转让获得转让收益，因而可能产生机会成本。（　　）

17. 相关成本是对决策有影响的各种形式的未来成本。（　　）

18. 如果一项资产只能用来实现某一职能而不能用于实现其他职能时，就不会产生机会成本。（　　）

19. 机会成本是一项实际支出，应该登记入账。（　　）

20. 在任何情况下，边际成本都与变动成本一致。（　　）

21. 沉没成本是已经发生的、无法由现在或将来的任何决策所改变的成本。（　　）

22. 付现成本与沉没成本的区别在于成本发生的时间不同。（　　）

23. 在对混合成本进行分解时，账户分析法通常用于特定期间总成本的分解，对成本性态的确认通常只限于成本性态比较典型的成本项目。（　　）

24. 当期初存货小于期末存货时，变动成本法下的期末存货计价小于完全成本法下的期末存货计价；当期初存货大于期末存货时，变动成本法下的期末存货计价大于完全成本法下的期末存货计价。（　　）

25. 线性回归分析法可以使各观测点的数据与回归直线相应各点的误差的平方和实现最小化。（　　）

26. 用贡献毛益减去固定制造费用就是利润。（　　）

27. 客观上，变动成本法有刺激销售的作用。也就是说，在一定意义上，变动成本法强调了固定制造费用对企业利润的影响。（　　）

28. 完全成本法下对固定成本的补偿由当期销售的产品承担，期末未销售的产品与当期已销售的产品承担着不同的份额。（　　）

29. 产销不平衡是导致变动成本法与完全成本法存在诸多差异的最直接、最根本的原因。（　　）

三、单项选择题

1. 对直接人工、直接材料和制造费用的划分或三者的构成有直接影响的是（　　）。

A. 使用材料的政策

B. 生产方式的改变和改进

C. 对固定资产的投资

D. 产品品种结构的改变

2. 下列费用中属于酌量性固定成本的是（　　）。

A. 房屋及设备租金　　　　　B. 技术开发费

C. 行政管理人员的薪金　　　D. 不动产税

3. 下列费用中属于约束性固定成本的是（　　）。

A. 照明费　　　　　　　　　B. 广告费

C. 职工教育培训费　　　　　D. 业务招待费

4. 下列各种混合成本可以用模型 $y=a+bx$ 表示的是（　　）。

A. 半固定成本　　　　　　　B. 延伸变动成本

C. 半变动成本　　　　　　　D. 阶梯式变动成本

5. 假设每个质检员最多检验 1 000 件产品，也就是说产量每增加 1 000 件就必须增加一个质检员，且在产量一旦突破 1 000 件的倍数时就必须增加。那么，该质检员的工资成本属于（　　）。

A. 半变动成本　　　　　　　B. 半固定成本

C. 延伸变动成本　　　　　　D. 变动成本

6. 当企业实行计时工资制时，其支付给职工的正常工作时间内的工资总额是固定不变的；但当职工的工作时间超过正常水平，企业须按规定支付加班工资，且加班工资的多少与加班时间的长短呈正比例关系。那么，上述这种工资成本属于（　　）。

A. 延伸变动成本　　　　　　B. 变动成本

C. 半变动成本　　　　　　　D. 半固定成本

7. （　　）是分解混合成本诸多方法中最为简单的一种，同时也是相关决策分析中应用比较广泛的一种。

A. 高低点法　　　　　　　　B. 账户分析法

C. 线性回归分析法　　　　　D. 工程分析法

8. 管理会计将成本区分为固定成本、变动成本和混合成本三大类，这种分类的标志是（　　）。

A. 成本的可辨认性　　　　　B. 成本的可盘存性

C. 成本的性态　　　　　　　D. 成本的时态

9. （　　）在决策中属于无关成本。

A. 边际成本　　　　　　　　B. 沉没成本

C. 专属成本　　　　　　　　D. 机会成本

10. 在有关产品是否进行深加工决策中，深加工前的半成品成本属于（　　）。

A. 估算成本
B. 重置成本
C. 机会成本
D. 沉没成本

11. 下列成本属于无关成本的是（　　）。

A. 专属成本
B. 联合成本
C. 差量成本
D. 可选择成本

12. 两个可供选择的方案之间预期成本的差异即是（　　）。

A. 边际成本
B. 变动成本
C. 差量成本
D. 机会成本

13. 某企业在 6 年前购置一台机床，原价 18 000 元，拟报废清理或修理后作价出售，假定机床报废后的残值为 1 200 元，进行修理需花费 4 000 元，修理后作价8 000 元，那么沉没成本是（　　）元。

A. 18 000
B. 1 200
C. 4 000
D. 8 000

14. 企业 5 年前购进了一台机器，现已折旧，拟购买一台价值为 40 000 元的新机器取代，卖方提出可以用旧机器作价14 500 元进行交换，其余的 25 500 元以现金支付，则该方案的付现成本是（　　）元。

A. 40 000
B. 14 500
C. 25 500
D. 11 000

15. 公司购买的一次还本付息债券，只能在到期时获得约定的收益，因而不会产生的成本是（　　）。

A. 沉没成本
B. 机会成本
C. 差量成本
D. 固定成本

16. 设某企业生产某种半成品 2 000 件，完成一定加工工序后，可以立即出售，也可以进一步深加工之后再出售。如果立即出售，每件售价 15 元，若深加工后出售，售价为 24 元，但要多付加工费 9 500 元，则继续进行深加工的机会成本为（　　）元。

A. 48 000
B. 30 000
C. 9 500
D. 18 000

17. 如上题条件，立即出售的机会成本为（　　）元。

A. 48 000
B. 30 000
C. 38 500
D. 18 000

18. 某人有现金 10 000 元，他若购买企业债券，年息为 10%；若购买金融债券，则年息为 12%。那么，他购买企业债券的机会成本是（　　）。

A. 1 000
B. 1 200
C. 200
D. 800

19. 有一批可修复废品，存在两种处置方案：一是降价后直接出售；二是修复后按正常价格出售。修复成本为 3 000 元，降价后出售收入为 7 000 元，修复后出售收入为 11 000 元，那么差量损益为（　　）元。

A. 3 000
B. 4 000
C. 8 000
D. 1 000

---

20. 造成"某期按变动成本法与按完全成本法确定的营业净利润不相等"的根本原因是（　　）。

　　A. 两种方法对固定制造费用的处理方式不同

　　B. 两种方法计入当期利润表的固定生产成本的水平不同

　　C. 两种方法计算销售收入的方法不同

　　D. 两种方法将销售费用计入当期利润表的方式不同

四、多项选择题

1. 在相关范围内固定不变的是（　　）。

　　A. 固定成本

　　B. 单位产品固定成本

　　C. 变动成本

　　D. 单位变动成本

　　E. 历史成本

第 2 章多项选择题
即测即评

2. 下列各成本概念中属于无关成本的是（　　）。

　　A. 专属成本　　　　　　　　　B. 沉没成本

　　C. 历史成本　　　　　　　　　D. 联合成本

　　E. 混合成本

3. 下列成本一般可以归属于相关成本的有（　　）。

　　A. 差量成本　　　　　　　　　B. 机会成本

　　C. 边际成本　　　　　　　　　D. 付现成本

　　E. 联合成本

4. 酌量性固定成本包括（　　）。

　　A. 广告费　　　　　　　　　　B. 固定资产折旧

　　C. 研究开发费　　　　　　　　D. 管理人员奖金

　　E. 房屋及设备租金

5. 下列属于企业的沉没成本的有（　　）。

　　A. 固定资产　　　　　　　　　B. 无形资产

　　C. 长期待摊费用　　　　　　　D. 在建工程已付费用

　　E. 产品材料成本

6. 下列属于约束性成本的有（　　）。

　　A. 不动产税　　　　　　　　　B. 职工的培训费

　　C. 企业管理人员的工资　　　　D. 企业发生的广告费

　　E. 厂房、设备等固定资产计提的折旧

7. 联合成本包括（　　）。

　　A. 专门生产某种产品的专用设备的折旧费

B. 专门生产某种产品的专用设备的保险费

C. 几种产品共同使用的设备折旧费

D. 辅助车间成本

E. 专门生产某种产品的专用设备的维修费

8. 采用高低点法分解混合成本时，应当选择（　　）作为低点和高点。

A.（50，100）　　　　　　　　B.（60，120）

C.（50，120）　　　　　　　　D.（70，130）

E.（60，125）

9. 变动成本法下，产品成本包括（　　）。

A. 直接材料　　　　　　　　　B. 直接人工

C. 变动制造费用　　　　　　　D. 固定制造费用

E. 制造费用

10. 混合成本根据发生的具体情况，通常可以分为（　　）。

A. 半变动成本　　　　　　　　B. 半固定成本

C. 延伸变动成本　　　　　　　D. 延伸固定成本

E. 非制造成本

11. 下列各项中，体现变动成本法局限性的有（　　）。

A. 按变动成本法计算的产品成本至少目前不符合税法的有关要求

B. 按成本性态将成本划分为固定成本与变动成本往往基于某种假设

C. 当面临长期决策的时候，变动成本法的作用会随着决策期的延长而降低

D. 变动成本法不利于进行各部门的业绩考评

E. 变动成本法使成本计算工作更加烦琐

五、简答题

1. 简述运用高低点法分解混合成本的基本做法和需要注意的问题。

2. 说明账户分析法分解混合成本的基本做法或步骤。

3. 高低点法应用了哪些管理会计概念？

4. 只要产量等于销售量，按变动成本法计算的损益一定等于按完全成本法计算的损益吗？

5. 完全成本法与变动成本法各有何特点？两种方法之间的差异主要表现在哪些方面？

6. 试从报告和管理的角度进行思考：变动成本法能取代完全成本法吗？

六、计算题

1. 某企业有一闲置设备，既可用于甲产品的生产，又可用于出租。如果用于生产甲产品，其收入为 50 000 元，成本费用为 30 000 元；如果用于出租可获得租金收入 15 000 元。

要求：分别计算将设备用于生产和用于出租的机会成本。

2. A 公司只生产一种产品，产品单位变动成本（包括直接材料、直接人工和变动制造费用）为 6 元，单位产品的售价为 15 元，每月固定制造费用为 40 000 元，单位产品的变动销售费用为 1 元，固定管理费用为 15 000 元。已知月初无产成品存货，当月产量为 10 000 件，售出 8 500 件。

要求：

（1）以完全成本法计算当月税前净利润，并在此基础上调整计算变动成本法下的净利润。

（2）以变动成本法计算当月税前净利润，并在此基础上调整计算完全成本法下的净利润。

3. 上海某化工厂是一家大型企业。该厂在从生产型转向生产经营型的过程中，从厂长到车间领导和生产工人都非常关心生产业绩。过去，往往要到月底才能知道月度的生产情况，这显然不能及时掌握生产信息，特别是成本和利润两大指标。如果心中无数，便不能及时地在生产过程各阶段进行控制和调整。该厂根据实际情况，决定采用本－量－利分析的方法来预测产品的成本和利润。

首先以主要生产环氧丙烷和丙二醇产品的五车间为试点。按成本与产量变动的依存关系，把工资费用、附加费、折旧费和大修理费等列作固定成本（约占总成本的 10%），把原材料、辅助材料、燃料等生产费用的其他要素作为变动成本（约占成本的 65%），同时把水电费、蒸汽费、制造费用、管理费用（除折旧以外）列作半变动成本，因为这些费用与产量无直接比例关系，但也不是固定不变的（约占总成本的 25%）。

按照 1—5 月的资料，总成本、变动成本、固定成本、半变动成本和产量如表 2-1 所示。

表 2-1 基础数据表

月份	总成本（万元）	变动成本（万元）	固定成本（万元）	半变动成本（万元）	产量（吨）
1	58.633	36.363	5.94	16.32	430.48
2	57.764	36.454	5.97	15.34	428.49
3	55.864	36.454	5.98	13.43	411.20
4	63.319	40.189	6.21	16.92	474.33
5	61.746	40.016	6.54	15.19	462.17
合计	297.326	189.476	30.64	77.20	2 206.67

1—5 月半变动成本组成如表 2-2 所示。

表2-2 半变动成本组成表　　　　　　　　单位：万元

月份	修理费	扣下脚料	动力费	水费	管理费用	制造费用	合计
1	3.32	−1.60	8.56	1.98	3.56	0.50	16.32
2	2.63	−1.55	8.63	2.59	2.49	0.55	15.34
3	0.82	−0.27	8.06	1.62	2.66	0.54	13.43
4	1.25	−0.57	8.18	2.69	4.78	0.59	16.92
5	3.38	−2.64	8.39	2.50	3.02	0.54	15.19

会计人员用高低点法对半变动成本进行分解，结果是：单位变动成本为0.055 3万元，固定成本为−9.31万元。固定成本是负数，显然是不对的。

用回归分析法求解，单位变动成本为0.032 1万元，固定成本为1.28万元。经验算发现，1—5月固定成本与预计数1.28万元相差很远（1月：1.675万元；2月：1.585万元；3月：0.230万元；4月：1.694万元；5月：0.354万元）。

要求：会计人员感到很困惑，不知道问题出在哪里。应该采用什么方法来划分变动成本和固定成本？

资料来源：周亚力. 管理会计：理论·方法·案例. 上海：立信会计出版社，2006.

练习题参考答案

一、名词解释

1. 固定成本，是指成本总额在一定期间和一定业务量范围内，不受业务量变动的影响而保持不变的成本。

2. 变动成本，是指在一定期间和一定业务量范围内，成本总额同业务量呈正比例变动的成本，如直接材料、产品包装费、按件计酬的工人薪金、推销佣金以及按加工量计算的固定资产折旧等。

3. 半变动成本，属于混合成本，此类成本的特征是业务量为零时，仍然有成本基数发生，在该基数之上，成本随业务量呈正比例变动，即在给定的成本基数之上成本呈现出变动成本性态。企业的公用事业费，如电费、水费、电话费等均属于半变动成本。

4. 相关成本，是对决策有影响的各种形式的未来成本，如机会成本、边际成本、付现成本、专属成本、差量成本、酌量性成本等。

5. 机会成本，是指企业在进行经营决策时，必须从多个备选方案中选择一个最优方案，而放弃另一个方案，被放弃的次优方案所可能获得的潜在收益就称为已选中的最优方案的机会成本。

6. 边际成本，是指业务量每变动1个单位所引起成本的变化。

7. 沉没成本，是指已经发生的、无法由现在或将来的任何决策所改变的成本，是企业在以前经营活动中已经支付现金，而在现在或将来经营期间摊入成本费用的支出。

8. 付现成本，是指由现在或将来的决策所能够改变其支出数额的成本，是决策必须考虑的重要影响因素。

9. 变动成本法，是指在产品成本的计算中，只包括产品生产过程中所消耗的直接材料、直接人工以及制造费用中的变动部分，而不包括制造费用中的固定部分。制造费用中的固定部分被视为期间费用从相应期间的收入中扣除。

10. 完全成本法，是指在产品成本的计算中，不仅包括产品生产过程中所消耗的直接材料、直接人工，还包括全部的制造费用。

二、判断题

1. ×	2. ×	3. √	4. √
5. ×	6. ×	7. √	8. √
9. √	10. √	11. ×	12. ×
13. √	14. ×	15. √	16. √
17. √	18. √	19. ×	20. ×
21. √	22. ×	23. √	24. ×
25. √	26. ×	27. √	28. ×
29. √			

三、单项选择题

1. B	2. B	3. A	4. C
5. B	6. A	7. B	8. C
9. B	10. D	11. B	12. C
13. A	14. C	15. B	16. B
17. C	18. B	19. D	20. A

四、多项选择题

1. AD	2. BCD	3. ABCD	4. ACD
5. ABCD	6. ACE	7. CD	8. AD
9. ABC	10. ABC	11. ABC	

五、简答题

1. 简述运用高低点法分解混合成本的基本做法和需要注意的问题。

答：采用高低点法分解混合成本时，其基本做法是以某一期间内最高业务量（即高点）的混合成本与最低业务量（即低点）的混合成本的差数，除以最高业务量与最低业务量的差数，得出的商数即为业务量的成本变量（即单位业务量的变动成本额），进而确定混合成本中的变动成本部分和固定成本部分。

运用高低点法分解混合成本应注意两个问题：第一，高点和低点的业务量为该项混合成本相关范围的两个极点，超出这个范围则不一定适用在这个范围得出的数学模型；第二，高低点法是以高点和低点的数据来描述成本性态的，因而带有一定的偶然性，这种偶然性会对未来成本的预计产生影响。

2. 说明账户分析法分解混合成本的基本做法或步骤。

答：账户分析法是根据各成本、费用账户（包括明细账户）的具体内容，判断其与业务量之间的依存关系，从而确定其成本性态的一种成本分解方法。其基本做法是根据各成本、费用账户的具体内容，判断其特征是更接近固定成本，还是更接近变动成本，进而直接将其确定为固定成本或变动成本。就账户分析法的应用对象而言，这一方法通常用于特定期间总成本的分解，对成本性态的确认通常只限于成本性态相对比较典型的成本项目；对于成本性态不那么典型的成本项目，则应采用其他的成本分解方法。

3. 高低点法应用了哪些管理会计概念？

答：高低点法应用了管理会计两个重要的概念：变动成本和固定成本。由于固定成本总额在一定期间和一定业务量范围内不受业务量变动的影响而保持不变，变动成本总额在一定期间和一定业务量范围内随着业务量的变动呈正比例变动，因而一定期间内最低业务量与最高业务量的差反映业务量的变动，最低业务量的混合成本与最高业务量的混合成本的差反映变动成本的变动。基于上述两个概念的理解，最高业务量的混合成本与最低业务量的混合成本的差，除以最高业务量与最低业务量的差，即为单位变动成本。如果将单位变动成本 b 代入 $y=a+bx$，就可以确定混合成本中的固定成本部分。

4. 只要产量等于销售量，按变动成本法计算的损益一定等于按完全成本法计算的损益吗？

答：不一定相等，这一问题只有在各期固定制造费用成本相等时才成立。如果各期固定制造费用成本不等，即使产量等于销售量，按变动成本法计算的损益也不等于按完全成本法计算的损益。

5. 完全成本法与变动成本法各有何特点？两种方法之间的差异主要表现在哪些方面？

答：完全成本法的特点是：（1）符合公认的会计准则的要求。（2）强调固定制造费用和变动制造费用在成本补偿方式上的一致性。完全成本法认为，只要是与产品生产有关的耗费，均应从产品销售收入中得到补偿，固定制造费用不应被人为地区别对待。（3）强调生产环节对企业利润的贡献。由于完全成本法下固定制造费用被归集到产品成本而随产品流动，因此本期已销产品和期末未销产品在成本负担上是完全一致的。在一定销售量条件下，产量大则利润高，所以，客观上完全成本法有刺激生产的作用。

变动成本法的特点是：（1）以成本性态分析为基础计算产品成本。变动成本法认为只有变动制造费用才构成产品成本，而固定制造费用应作为期间费用处理。（2）强调销售环节对企业利润的贡献。由于变动成本法将固定制造费用作为期间费用，所以在一定产量条件下，对销售环节创造利润的作用揭示程度更高。（3）变动成本法是管理会计开展本-量-利分析的基础。

变动成本法与完全成本法对固定制造费用的不同处理方式导致两种方法存在一系列的差异，主要表现在产品成本的构成内容、存货成本的构成内容以及各期损益三个方面。

（1）产品成本的构成内容不同。完全成本法将所有成本分为制造成本和非制造成本两大类，将制造成本完全计入产品成本，而将非制造成本作为期间费用，全额计入当期损益；变动成本法则是先将制造成本按成本性态划分为变动制造费用和固定制造费用两类，再将变动制造费用计入产品成本，而将固定制造费用与非制造成本一起列为期间费用。

（2）存货成本的构成内容不同。由于变动成本法与完全成本法下产品成本构成内容不同，产成品和在产品存货的成本构成内容也就不同。采用变动成本法时，不论是库存产成品、在产品还是已销产品，其成本均只包括制造成本中的变动部分，期末存货计价只是这一部分。而采用完全成本法时，不论是库存产成品、在产品还是已销产品，其成本均包括一定份额的固定制造费用，期末存货计价相应也包括这一份额。

（3）各期损益不同。由于变动成本法下的产品成本只包括变动制造费用，而将固定制造费用列作期间费用，也就是说对固定制造费用的补偿由当期销售的产品承担。而完全成本法下的产品成本既包括变动制造费用，也包括固定制造费用。上述在固定制造费用上的不同处理对两种方法下的损益计算有重大影响，影响的程度取决于产量和销量这两个相对来说相互独立因素的均衡程度，且表现为相关关系，即产销越均衡，两种成本计算方法下所计算的损益相差就越小；反之，则越大。只有当产成品实现所谓的"零存货"，即产销绝对均衡时，损益计算上的差异才会消失。

6. 试从报告和管理的角度进行思考：变动成本法能取代完全成本法吗？

答：不能。变动成本法和完全成本法各有优劣，不能简单取代：（1）按变动成本法计算的产品成本不符合会计准则和税法的有关要求；（2）按成本性态将成本划分为固定成本与变动成本本身具有局限性，即这种划分在很大程度上是假设的结果；（3）当面临长期决策时，变动成本法的作用会随决策期的延长而降低。通常，变动成本法适用于内部报告和经营决策，而完全成本法适用于外部报告。因此，两种方法适用场景不同，各有优劣，不能简单取代。

六、计算题

1. 答：

将设备用于生产的机会成本为 15 000 元；将设备用于出租的机会成本为 20 000元（50 000－30 000）。

2. 答：

（1）完全成本法下的利润表，见表 2－3。

表 2－3　完全成本法下的利润表　　　　　单位：元

销售收入（8 500×15）		127 500
销售成本		
期初存货	0	
加：变动成本（10 000×6）	60 000	
固定成本	40 000	
减：期末存货（1 500×10）	－15 000	85 000
销售毛利		42 500
减：销售费用、管理费用		
变动销售费用（8 500×1）		8 500
固定管理费用		15 000
净利润		19 000
调整：		
加：期初存货的固定成本		0
减：期末存货的固定成本		6 000
变动成本法下的净利润		13 000

（2）变动成本法下的利润表，见表 2－4。

表 2－4　变动成本法下的利润表　　　　　单位：元

销售收入（8 500×15）		127 500
变动销售成本		
期初存货	0	
加：变动成本（10 000×6）	60 000	
减：期末存货（1 500×6）	－9 000	51 000
变动销售费用（8 500×1）		8 500
贡献毛益		68 000
固定成本		40 000
固定管理费用		15 000

续表

净利润		13 000
调整：		
减：期初存货的固定成本		0
加：期末存货的固定成本		6 000
完全成本法下的净利润		19 000

3. 答：

该化工厂在对总成本进行分解时，把明显属于变动成本或固定成本的项目剔除后，其余作为半变动成本，用一定的方法进行分解，这种做法存在以下几个问题：第一，从半变动成本的结构来看，许多费用都不是线性的。第二，下脚料不能作为半变动成本处理。第三，把大部分近似变动成本和近似固定成本的项目分别归入变动成本和固定成本后，剩下的少数费用性质比较复杂，而且有些费用的发生没有规律，这部分费用一般难以用公式单独分解。否则，矛盾就比较突出，如本案例的计算结果就很不合理。

根据本案例的情况，可以有以下几种处理方案。

第一，全部费用除了已划分为变动成本、固定成本，剩下的这些半变动成本再按照性质直接划分为变动成本和固定成本。本案例中，修理费、动力费和水费可归入变动成本，管理费用和制造费用归属于固定成本，下脚料单独列示。这种方法虽然不太准确，但便于费用控制。

第二，总成本作为半变动成本，按高低点法分解：单位变动成本为 0.12 万元，固定成本为 6.463 万元。计算各月变动成本和固定成本，如表 2-5 所示。

表 2-5　计算结果表　　　　　　　　　　　单位：万元

月份	变动成本	固定成本	合计
1	51.658	6.975	58.633
2	51.419	6.345	57.764
3	49.344	6.520	55.864
4	56.920	6.399	63.319
5	55.460	6.286	61.746

从各月的计算结果来看，基本上是正确的。合计总成本中有一部分成本的各月发生数是不规则的，但占比较小，不影响总成本的正确性。

第三，如果要保持原来的分解方法，则要对半变动成本进行进一步分析，查明不规则变动的原因，剔除各种不正常因素，并将调整后的数字再进行分解。

教材习题解析

一、思考题

1. 管理会计对成本是如何分类的？各种分类的主要目的是什么？

答：管理会计对成本的分类：（1）成本按经济用途可以分为制造成本和非制造成本两大类，这是财务会计中有关成本分类最主要的方法，也是一种传统的分类方法。其分类结果主要用来确定存货成本和期间损益，满足对外财务报告的需要。（2）成本按性态可以分为固定成本、变动成本和混合成本三类，这是管理会计这一学科的重要基石，管理会计作为决策会计的角色，其许多决策方法尤其是短期决策方法都需要借助成本性态这一概念。（3）其他基于管理需要的成本概念及分类，如机会成本、边际成本、付现成本等，其成本概念及分类结果主要用于分析和决策，满足对内管理的需要。

2. 按性态划分，成本可以分为几类？各自的含义、构成和相关范围是什么？

答：按成本性态可以将企业的全部成本分为固定成本、变动成本和混合成本三类。

（1）固定成本是指成本总额在一定期间和一定业务量范围内，不受业务量变动的影响而保持不变的成本。行政管理人员的工资、办公费、财产保险费、按年限平均法计提的固定资产折旧、固定的职工教育培训费等，均属于固定成本。固定成本总额不受业务总量变动的影响而固定不变，但单位业务量所负担的固定成本直接受业务总量变动的影响，随业务总量的增加而减少。

固定成本的"固定性"不是绝对的，而是有限定条件的，表现为一定的期间范围和一定的空间范围。就期间范围而言，固定成本表现为在某一特定期间内具有固定性。从较长时间看，所有成本都具有变动性，即使约束性固定成本也是如此。随着时间的推移，一个正常成长的企业，其经营能力无论是从规模上还是从质量上均会发生变化：厂房势必扩大、设备势必更新、行政管理人员也可能增加，这些均会导致折旧费用、财产保险费以及行政管理人员薪金的增加。经营能力的逆向变化也会导致上述费用发生变化。就空间范围而言，固定成本表现为在某一特定业务量水平内具有固定性。业务量一旦超出这一水平，同样势必扩大厂房等，这样相应的费用也会增加。

（2）变动成本是在一定期间和一定业务量范围内其总额随着业务量的变动呈正比例变动的成本。如按产量计酬的工人薪金、按销售收入的一定比例计算的销售佣金、企业生产产品的直接物耗成本（直接材料成本）等。单位变动成本不受业务量变动的影响而固定不变，但变动成本总额受业务总量变动的影响，随业务总量的增加而增加。

变动成本的变动性，即"随着业务量的变动呈正比例变动"也有其相关范围。也就是说，变动成本总额与业务量之间的这种正比例变动关系（即完全线性关系）只是在一定业务量范围内存在的，超出这一业务量范围，二者之间就可能不存在这种正比例变动关系。

（3）混合成本，是指那些"混合"了固定成本和变动成本两种不同性质的成本。混合成本根据其发生的具体情况，通常可以分为三类：第一类是半变动成本；第二类是半固定成本；第三类是延伸变动成本。混合成本也有其相关范围，它们的固定性体现在一定的业务量范围内，如果突破了这个限制，就会表现出一定的变动性。

3. 混合成本的分解方法有几种？相互之间的区别和各自的优缺点是什么？

答：混合成本的分解方法很多，通常有历史成本法、账户分析法。

历史成本法根据以往若干时期的数据所表现出来的实际成本与业务量之间的依存关系来描述成本的性态，并以此来确定决策所需要的未来成本数据。其基本原理是，在既定的生产流程和工艺设计下，历史数据可以比较准确地表达成本与业务量之间的依存关系；只要生产流程和工艺不变，就可以准确地预计未来成本将随着业务量的变化而发生怎样的变化。历史成本法通常又分为高低点法和线性回归分析法等。历史成本法的优点：只要有相关的历史成本数据，根据相关公式就可以求出对应的数学模型，从而预测未来成本；由于成本的分解主要运用函数或回归方程的知识，因此过程比较简单。缺点：在缺乏历史成本数据的情况下不能使用此方法；当历史成本无效或者存在不正常的项目时，会影响预计成本的准确性。

账户分析法是根据各成本、费用账户的具体内容，直接判断其与业务量之间的依存关系，从而确定其成本性态的一种成本分解方法。其基本做法是根据各成本、费用账户的具体内容，判断其特征是更接近固定成本，还是更接近变动成本，进而直接将其确定为固定成本或变动成本。账户分析法的优点：它是混合成本分解的诸多方法中最为简便的一种，只要有相关历史成本、费用账户信息，就可以分解混合成本。缺点：分析结果的可靠性很大程度上取决于有关分析人员的判断能力，可能会有一定的片面性和局限性。

4. 什么是付现成本和沉没成本？该分类有什么作用？

答：与决策相关成本和与决策无关成本可以具体体现为沉没成本与付现成本，以此指引经营决策关注付现成本，得出正确的分析结论。付现成本是指现在或将来的决策能够改变其支出数额的成本。可见，付现成本是决策必须考虑的重要影响因素。在短期经营决策中，若面临货币资金短缺而向市场筹集资金困难时，往往选择付现成本最低而不是总成本最低的方案为优。

沉没成本是指已经发生的、无法由现在或将来的任何决策所改变的成本。可见，沉没成本是对现在或将来的任何决策都无影响的成本。沉没成本是企业在以前经营活动中已经支付现金，而在现在或将来经营期间摊入成本费用的支出。因此，固定资产、无形资产、递延资产、因失误造成的不可收回的投资等均属于企业的沉没成本。沉没成本是一种历史成本，对现有决策而言是不可控成本，不会影响当前行为或未来决策。

5. 什么是机会成本？它的意义是什么？

答：企业在进行经营决策时，必须从多个备选方案中选择一个最优方案，而放弃其他方案，被放弃的次优方案所可能获得的潜在收益就称为已选中的最优方案的机会成本。也就是说，不选其他方案而选最优方案的代价，就是已放弃方案的获利可能。在选择方案时，将机会成本的影响考虑进去，有利于对所选方案的最终效益进行全面评价。

6. 边际成本和变动成本的含义及其区别是什么？

答：从理论上讲，边际成本是指产量（业务量）向无限小变化时成本的变动数额。当然，这是从纯经济学角度来讲的，事实上，产量不可能向无限小变化，至少应为 1 个单位的产量。因此，边际成本也就是产量每增加或减少 1 个单位所引起的成本变动数额。

变动成本与固定成本相反，变动成本是指那些成本的总发生额在相关范围内随着业务量的变动而呈线性变动的成本。直接人工、直接材料都是典型的变动成本，在一定期间内它们的发生总额与业务量的增减呈正比例变动，但单位产品的耗费则保持不变。

由此看来，边际成本和变动成本是有区别的，变动成本反映的是增加单位产量所追加成本的平均变动，而边际成本是反映每增加 1 个单位产量所追加的成本的实际数额。所以，只有在相关范围内，增加 1 个单位产量的单位变动成本才能和边际成本相一致。

7. 相关成本与无关成本的划分依据是什么？如何理解"相关成本与无关成本的区分并不是绝对的"？

答：相关成本与无关成本的划分依据是该成本是不是与经营决策有关的未来成本。相关成本是对决策有影响的各种形式的未来成本，如差量成本、机会成本、边际成本、付现成本、专属成本等。那些对决策没有影响的成本，称为无关成本。这类成本过去已经发生，或对未来决策没有影响，因而在决策时不予考虑，如沉没成本、联合成本、约束性成本等。

相关成本与无关成本的区分并不是绝对的。有些成本在某一决策方案中是相关成本，而在另一决策方案中可能是无关成本。例如，A、B 两种同类型产品都能满足公司的要求，从中选择购买一种产品。如果 A 是国产产品，价格是 10 000元，B 是进口产品，价格是 12 000 元，在购买决策中相关成本为差量成本 2 000

元。因为不管公司决定购买哪种产品，其无差别成本 10 000 元都要发生。就 A、B 两种同类型产品决策而言，相关成本就是 2 000 元值不值得发生的问题。

但如果决定购买 A 产品后，考虑分期支付还是一次支付，一次支付价格 10 000 元就成为决策相关成本，而不是无关成本。

8. 请阐述变动成本法和完全成本法的内涵、适用范围和对企业的影响。

答：完全成本法，是指在产品成本计算中，不仅包括产品生产过程中所消耗的直接材料、直接人工，还包括全部的制造费用（变动制造费用和固定制造费用）。完全成本法适用于重视生产过程的企业，或对于固定制造费用不需要分配、固定制造费用的分配可以划分清楚的生产企业。另外，由于完全成本法符合我国税法对于成本核算的要求，所以想要简化企业税后调整过程的企业，可使用完全成本法核算成本。

变动成本法，是指在产品成本的计算上，只包括产品生产过程中所消耗的直接材料、直接人工以及制造费用中的变动部分，而不包括制造费用中的固定部分。制造费用中的固定部分被视为期间费用从相应期间的收入中扣除。变动成本法适用于企业短期决策，因为在完全成本法下计算的利润会受企业存货的影响，所以它所提供的成本信息不利于决策。如果一个企业希望通过制定标准成本和费用预算来全面加强企业成本管理，那么变动成本法可以满足这个需求。

两种方法对企业的影响：（1）产品成本的构成内容不同。完全成本法将所有成本分为制造成本和非制造成本两大类，将制造成本完全计入产品成本，而将非制造成本作为期间费用，全额计入当期损益。变动成本法则是先将制造成本按成本性态划分为变动制造费用和固定制造费用两类，再将变动制造费用计入产品成本，将固定制造费用与非制造成本一起列为期间费用。（2）存货成本的构成内容不同。采用变动成本法，不论是库存产成品、在产品还是已销产品，其成本均只包括制造成本中的变动部分，期末存货计价只是这一部分。而采用完全成本法时，不论是库存产成品、在产品还是已销产品，其成本均包括一定份额的固定制造费用。很显然，变动成本法下的期末存货计价必然小于完全成本法下的期末存货计价。（3）各期损益不同。变动成本法下固定制造费用的补偿由当期销售的产品承担，而完全成本法下对固定制造费用的补偿由当期生产的产品承担，期末未销售的产品与当期已销售的产品承担相同的份额。这两种方法对损益计算的影响程度取决于产量和销量的均衡程度，且表现为相关关系，即产销越均衡，两种成本计算法下所计算的损益差异就越小；反之，则越大。

二、练习题

1. 答：

（1）各年税前利润的计算如表 2-6 所示。

表 2 - 6　各年税前利润　　　　　　　　　　单位：元

项目	第 1 年	第 2 年	第 3 年	合计
变动成本法下：				
销售收入	200 000	200 000	200 000	600 000
销售成本	90 000	90 000	90 000	270 000
贡献毛益	110 000	110 000	110 000	330 000
固定成本				
固定制造费用	20 000	20 000	20 000	60 000
管理费用、销售费用	50 000	50 000	50 000	150 000
小计	70 000	70 000	70 000	210 000
税前利润	40 000	40 000	40 000	120 000
完全成本法下：				
销售收入	200 000	200 000	200 000	600 000
销售成本	110 000	106 667	113 333	330 000
期初存货成本	0	0	21 333	
当期产品成本	110 000	128 000	92 000	330 000
可供销售产品	110 000	128 000	113 333	
期末存货成本		21 333		
毛利	90 000	93 333	86 667	270 000
管理费用、销售费用	50 000	50 000	50 000	150 000
税前利润	40 000	43 333	36 667	120 000

（2）由表 2-6 的计算结果可以看到：当产量等于销量且无期初存货时，两种成本计算法下的税前利润完全相同；当产量大于销量且无期初存货时，按变动成本法计算的税前利润小于按完全成本法计算的税前利润；当产量小于销量时，按变动成本法计算的税前利润大于按完全成本法计算的税前利润。

2. 答：

（1）采用完全成本法编制该公司 2×22 年和 2×23 年的比较利润表，如表 2-7 所示。

表 2 - 7　采用完全成本法编制的比较利润表　　　　　　单位：元

项目	2×22 年	2×23 年
销售收入	1 000	1 500
期初存货成本	0	380
当期产品成本	1 140	960
当期销售产品成本	760	1 340
期末存货成本	380	0
毛利	240	160
管理费用、销售费用	150	150
税前利润	90	10

之所以会出现销售增加 50%，税前利润反而降低 89% 的结果，完全是由于 2×22 年产量高于 2×23 年产量，单位产品成本中的固定成本相应地更低，导致销售的产品所负担的单位固定成本也比 2×23 年低。因此，出现了销量虽然大幅上升，但是由于产量降低，最终的税前利润反而降低的结果。

（2）采用变动成本法编制该公司 2×22 年和 2×23 年的比较利润表，如表 $2-8$ 所示。

表 2-8　采用变动成本法编制的比较利润表　　　　　　　　单位：元

项目	2×22 年	2×23 年
销售收入	1 000	1 500
销售成本	360	540
贡献毛益	640	960
固定制造费用	600	600
管理费用、销售费用	150	150
税前利润	−110	210

比较两表计算结果可知，在完全成本法下，由于增加产量可以降低单位产品所负担的固定成本，在销量一定的情况下会增加利润，因而企业会重视生产环节；相反，在变动成本法下，由于固定成本被视为期间费用，只有增加销量才能增加贡献毛益，从而增加利润，因此企业会相对重视销售环节。

3. 答：

采用高低点法对电费进行分解。

设高点的成本性态为：$y_1 = a + bx_1$ ①

低点的成本性态为：$y_2 = a + bx_2$ ②

由方程①和②可得：$b = (y_1 - y_2)/(x_1 - x_2)$ ③

取高点（1 800，7 250）、低点（900，4 250），将数据代入方程③，可得

$$b = 3.33$$

将 $b = 3.33$ 代入方程①，可得

$$a = 1\,256$$

因此，混合成本的数学模型为：

$$y = 1\,256 + 3.33x$$

4. 答：

（1）甲制药厂在核算成本时，采用的是完全成本法。完全成本法强调生产环节对企业利润的贡献。在完全成本法下，固定制造费用也被归于产品而随产品流动，因此本期已销和期末未销产品在成本负担上是完全一致的。在一定销量下，

产量大则利润高。在本案例中，甲制药厂 2×21 年产销不景气，大量存货积压，但是产量比 2×22 年多，所以造成 2×21 年企业利润高于 2×22 年。

（2）因为企业利润是通过销售过程最终实现的，所以企业应当重视销售过程，因而运用变动成本法更符合企业的目标。如果采用变动成本法核算，结果如表 2-9 所示。

表 2-9　利润表

金额单位：元

数量单位：瓶

项目	2×21 年	2×22 年
销售收入	1 855 000	2 597 000
销售变动成本	530 000	742 000
工资	288 000	288 000
制造费用	720 000	720 000
销售费用	85 000	108 000
净利润	232 000	739 000
库存资料：		
期初存货数	16 000	35 000
本期生产数	72 000	50 400
本期销售数	53 000	74 200
期末存货数	35 000	11 200
单位售价	35	35
单位变动成本	10	10
其中：材料	7	7
燃料动力费	3	3

C 第3章

Chapter 3 本-量-利分析

学习目标

1. 了解本-量-利分析的基本假设及其意义。
2. 掌握本-量-利分析的相关概念与基本原理。
3. 掌握本-量-利分析的各种分析方法，并能在实践中加以应用。

学习指导

一、学习重点

1. 了解本-量-利分析的基本假设包括相关范围假设、模型线性假设、产销平衡假设和品种结构不变假设的内容和意义。

2. 掌握本-量-利分析的相关概念和方法，能用数学模型与图示来揭示固定成本、变动成本、销售量、销售价格、销售收入、利润等变量之间的内在规律。

3. 熟练掌握盈亏临界点分析、实现目标利润分析、敏感性分析等方法，为会计预测、决策提供必要的财务信息。

二、学习难点

1. 当相关因素（如固定成本、单位变动成本、销售量、销售价格、产品品种结构等）逐一发生变动时，如何有效地进行综合决策。

2. 当收入、成本与业务量等诸多因素为不完全线性关系、非线性关系时，如何运用本-量-利分析的基本原理和方法解决问题。

练习题

一、名词解释

1. 本-量-利分析
2. 期间假设
3. 业务量假设
4. 贡献毛益
5. 安全边际
6. 加权平均贡献毛益率
7. 盈亏临界点
8. 盈亏临界点作业率
9. 敏感系数

第3章判断题
即测即评

二、判断题

1. 在本-量-利分析的立场上，由于利润只是收入与支出的一个差量，因此模型线性假设只涉及成本与业务量两个方面，业务量在此可以是生产数量，也可以是销售数量。（   ）

2. 成本按性态划分的基本假设同时也是本-量-利分析的基本假设。（   ）

3. 在盈亏临界图中，可以用横轴表示销售收入量，用纵轴表示成本，纵轴与横轴的金额最好保持一致，此时总成本线的仰角应大于45度。（   ）

4. 在盈亏临界图中，总成本既定的情况下，销售价格越高，盈亏临界点越高；反之，盈亏临界点越低。（   ）

5. 盈亏临界点的贡献毛益刚好等于总成本，超过盈亏临界点的贡献毛益大于总成本，也就是实现了利润。（   ）

6. 企业各种产品提供的贡献毛益即是企业的营业毛利。（   ）

7. 单一品种情况下，盈亏临界点的销售量随着贡献毛益率的上升而上升。（   ）

8. 销售利润率可以通过贡献毛益率和安全边际率相乘求得。（   ）

9. 某一因素的敏感系数为负号，表明该因素的变动与利润的变动为反向关系；为正号则表明是同向关系。（   ）

10. 销售价格的敏感系数一定大于销售量的敏感系数。（   ）

第3章单项选择题
即测即评

11. 从销售价格的敏感系数特征来看，涨价是企业提高盈利最直接、最有效的手段。（   ）

三、单项选择题

1. （   ）是本-量-利分析最基本的假设，是本-量-利分析的出发点。

A. 相关范围假设
B. 模型线性假设
C. 产销平衡假设
D. 品种结构不变假设

2. 在单位式盈亏临界图中，产品销售价格线与（　　）的交点为盈亏临界点。

A. 单位成本线　　　　　　　　B. 单位固定成本

C. 单位变动成本线　　　　　　D. 利润线

3. 已知 A 企业为生产和销售单一产品的企业。A 企业计划年度销售量为 1 000 件，销售价格为 50 元，单位变动成本为 30 元，固定成本总额为 25 000 元，则销售量、销售价格、单位变动成本、固定成本各因素的敏感程度由高到低排序是（　　）。

A. 销售价格＞销售量＞单位变动成本＞固定成本

B. 销售价格＞单位变动成本＞销售量＞固定成本

C. 销售价格＞单位变动成本＞固定成本＞销售量

D. 销售价格＞销售量＞固定成本＞单位变动成本

4. 某企业只生产一种产品，单位变动成本为 36 元，固定成本总额为 4 000 元，产品销售价格为 56 元，要使安全边际率达到 50％，该企业的销售量应达到（　　）件。

A. 400　　　　　B. 222　　　　　C. 143　　　　　D. 500

5. 盈亏临界点销售收入为 20 万元，贡献毛益率为 60％，其变动成本总额为（　　）万元。

A. 8　　　　　B. 12　　　　　C. 4　　　　　D. 16

6. 某产品保本点为 1 000 台，实际销售 1 500 台，每台单位贡献毛益为 10 元，则实际获利额为（　　）元。

A. 15 000　　　　　B. 10 000　　　　　C. 25 000　　　　　D. 5 000

7. 某企业只生产一种产品，销售价格为 6 元，单位变动生产成本为 4 元，单位变动销售和管理变动成本为 0.5 元，销量为 500 件，则其产品贡献毛益为（　　）元。

A. 650　　　　　　　　　　　B. 750

C. 850　　　　　　　　　　　D. 950

四、多项选择题

1. 本-量-利分析的基本假设有（　　）。

A. 相关范围假设

B. 模型线性假设

C. 产销平衡假设

D. 品种结构不变假设

E. 盈亏临界点

第 3 章多项选择题
即测即评

2. 在盈亏临界图中，盈亏临界点的位置取决于（　　）等因素。

A. 固定成本　　　　　　　　　　B. 单位变动成本

C. 销售量　　　　　　　　　　　D. 销售价格

E. 产品成本

3. 在盈亏临界图中，下列描述正确的是（　　）。

A. 在总成本既定的情况下，销售价格越高，盈亏临界点越低

B. 在总成本既定的情况下，销售价格越高，盈亏临界点越高

C. 在销售价格、单位变动成本既定的情况下，固定成本越高，盈亏临界点越高

D. 在销售价格、固定成本总额既定的情况下，单位变动成本越高，盈亏临界点越高

E. 在销售价格、固定成本总额既定的情况下，单位变动成本越高，盈亏临界点越低

4. 下列各等式中成立的有（　　）。

A. 变动成本率＋安全边际率＝1

B. 贡献毛益率＋安全边际率＝1

C. 贡献毛益率＋变动成本率＝1

D. 安全边际率＋盈亏临界点作业率＝1

E. 变动成本率＋盈亏临界点作业率＝1

5. 安全边际率的计算公式包括（　　）。

A. 安全边际/正常销售量

B. 盈亏临界点销售量/正常销售量

C. 安全边际收入/正常销售收入

D. 盈亏临界点销售收入/正常销售收入

E. 安全边际量/安全边际收入

6. 盈亏临界点销售收入的计算公式包括（　　）。

A. 盈亏临界点销售量×单位利润

B. 固定成本/贡献毛益率

C. 固定成本×销售价格/（销售价格－单位变动成本）

D. 固定成本/加权平均贡献毛益率

E. 固定成本/贡献毛益

7. 利润＝（实际销售量－保本销售量）×（　　）。

A. 贡献毛益率　　　　　　　　　B. 单位利润

C. 销售价格　　　　　　　　　　D. 单位贡献毛益

E. 销售价格－单位变动成本

五、简答题

1. 试说明本-量-利分析相关范围假设的具体含义。

2. 试比较利润对固定成本、单位变动成本、销售价格以及销售量等因素变化的敏感程度。

3. 研究盈亏临界点有何意义?

4. 敏感性分析的作用是什么?

5. 本-量-利分析的扩展研究是对本-量-利分析基本假设的否定吗? 在实践中, 对该类扩展研究你有哪些思考?

六、计算题

1. A 企业为生产和销售单一产品的企业, 该产品销售价格为 80 元, 单位变动成本为 50 元, 固定成本总额为 60 000 元, 预计正常销售量为 4 000 件。

要求:

(1) 计算盈亏临界点销售量。

(2) 计算安全边际及安全边际率。

2. 甲企业为生产和销售单一产品的企业, 当年有关数据如下: 销售产品 4 000 件, 产品销售价格为 80 元, 单位变动成本为 50 元, 固定成本总额为 50 000 元, 实现利润为 70 000 元, 计划年度目标利润为 100 000 元。

要求:

(1) 计算实现目标利润的销售量。

(2) 计算销售量、销售价格、单位变动成本及固定成本的敏感系数。

3. 某公司只生产和销售一种产品, 销售价格为 10 元, 每月销售量为 2 000 件, 单位变动成本为 8 元, 每月固定成本为 3 000 元。为了增加利润, 有两个方案可供选择: 方案一, 将售价降低 0.5 元, 销售量可增加 35%; 方案二, 不降低售价, 每月花费 500 元做广告, 销售量可增加 20%。

要求: 比较哪个方案更有利。

4. 某企业只生产和销售一种产品, 单价为 36 元, 产销可保持平衡。该企业目前生产能力为 1 500 件, 其他有关成本数据如表 3 - 1 所示。

表 3 - 1　成本数据表　　　　　　　　　　　　　　　单位: 元

项目	变动成本	固定成本
直接材料	9 000	
直接人工	13 500	
折旧		8 000
其他		12 000
合计	22 500	20 000

该企业现拟购置一台专用设备, 购置费为 20 000 元, 可用 5 年, 无残值, 用

直线法计提折旧。据测算，这台专用设备投入使用后，可使变动成本在现有基础上降低 20%。

要求：根据本-量-利分析有关指标的计算结果，测算这一购置方案是否合理。

5. 常印曾是一乡镇企业的经营策划者，他一直渴望成为一个老板，因此，他随时都在寻找发展事业的大好时机。

常印的家就在镇政府所在地，该镇每逢公历的 2、5、8 日都有集市，方圆近百里的人都到这里赶集。常印发现，每逢集市，都有百里以外的企业到这里批发或零售雪糕、冰淇淋。大小商贩、个人要排很长的队才能买到，天气转热以后更是如此。有的人很早来排队，但到最后还是两手空空悻悻而归。他也时常看到乡村的娃娃花高价却吃了劣质的冰淇淋。于是他想自己创办一家冰淇淋加工厂，让父老乡亲吃到价廉可口的冰淇淋。常印坚定了信心，开始进行市场调查。

（1）需求量资料：周边 5 个乡镇，每个乡镇约有人口 8 万，总计约 40 万。按现有生活水平和消费观念估算，即使在 11—12 月、1—4 月淡季，每日也需要 40 000 支冰淇淋；在 5—10 月，每日则需要 80 000～90 000 支。经咨询和测算，若考虑乡间距离的远近和其他竞争市场的因素，该加工厂只要能保证冰淇淋的质量达标，价格合理，就能够占有 60%～65% 的市场份额，即在淡季日需求量将达到 24 000～26 000 支，旺季日需求量将达到 48 000～58 500 支。

（2）成本费用资料：为了减少风险，常印打算去冷饮厂租设备，全套设备年租金需要 45 000 元（可用房地产等实物进行抵押，不必支付货币现金）；库房和车间每月固定支付租金 2 000 元；可到市场随时招聘工人，按现行劳务报酬计算，每生产 1 000 支冰淇淋应支付各类工人（包括熬料、打料、拨模、包装工人）计件工资 28 元；招聘管理人员、采购人员各 1 名，月薪分别为 1 500 元，技术人员 1 名，月薪 2 000 元（包括设备维护和修理）；每月固定支付卫生费和税金 1 000 元。在生产冰淇淋时，按市场价格计算所耗各种费用如下（以每锅料为标准，每锅料能生产 1 000 支冰淇淋）：

主要材料：188 元

　　其中，淀粉：100 元

　　奶粉：56 元

　　白砂糖：30 元

　　食用香精：2 元

其他：52 元

　　其中，水费：3 元（其中 1 元为冰淇淋所耗用）

　　电费：15 元

　　煤炭费：5 元

氨（制冷用）：4 元

包装纸、棍：25 元

（3）生产能力：从设备的运转能力看，日生产能力为 12 锅；考虑机器设备的维修，节假日和天气情况（阴雨天）等原因，预计全年可工作 300 天。

（4）定价：按现行同等质量冰淇淋的市场平均价格定价每支 0.35 元。

（5）资金来源：个人储蓄（不考虑利息费用）。

要求：

（1）试用本-量-利分析来测算常印的冰淇淋加工厂是否应开业。

（2）每年能获利多少？

（3）若要年获利 180 000 元，能实现吗？如不能实现，可以采取哪些措施？可行吗？

资料来源：周亚力. 管理会计：理论·方法·案例. 上海：立信会计出版社，2006.

练习题参考答案

一、名词解释

1. 本-量-利分析，是对成本、业务量、利润之间的相互关系进行分析的一种简称，这一分析方法是在人们认识到成本可以按性态进行划分的基础上发展起来的，主要研究销量、价格、成本和利润之间的相互关系。

2. 期间假设，是指无论是固定成本还是变动成本，其固定性与变动性均体现在特定的期间内，其金额大小也是在特定期间内加以计量而确定的。随着时间的推移，固定成本总额及其内容会发生变化，单位成本的数额及其内容也会发生变化。期间假设强调不同期间对成本的不同影响。

3. 业务量假设，是指按成本性态进行划分而得到的固定成本和变动成本，是在一定业务量范围内分析和计量的结果，业务量发生变化特别是变化较大时，即使成本的性态不发生变化（成本性态是有可能变化的），也需要重新加以计量。业务量假设强调不同业务量水平对成本的不同影响。

4. 贡献毛益，是指产品销售收入扣除变动成本后的余额，反映为企业做出的盈利贡献，而这种贡献要在扣除固定成本后才能成为真正的贡献（利润）。

5. 安全边际，是指正常销售量或者现有销售量超过盈亏临界点销售量的差额，反映某一产品经营的安全性。安全边际表明企业的销售量在超过盈亏临界点的销售量之后，有多大的盈利空间；或者说，现有销售量降低多少就会发生亏损。

6. 加权平均贡献毛益率，是指按企业所有产品计算的平均贡献毛益率，等于 $\sum$（每种产品的贡献毛益率×每种产品的收入占比），反映企业整体的盈利水平。

7. 盈亏临界点，也称盈亏分歧点、保本点、两平点等，是指企业利润为零、达到不盈不亏状态时的业务量。

8. 盈亏临界点作业率，是指盈亏临界点的销售量占企业正常销售量的百分比。所谓正常销售量，是指在正常市场环境和企业正常开工情况下产品的销售量。盈亏临界点作业率的计算公式如下：

$$盈亏临界点作业率 = \frac{盈亏临界点销售量}{正常销售量} \times 100\%$$

盈亏临界点作业率可以表明企业在保本状态下生产能力的利用程度。

9. 敏感系数，是反映销售量、销售价格、单位变动成本和固定成本等因素变化对利润的影响程度的指标，其计算公式为：

$$敏感系数 = \frac{目标值变动百分比}{因素值变动百分比}$$

企业的决策人员需要知道利润对哪些因素的变化比较敏感，对哪些因素的变化不太敏感，以便分清主次，抓住重点，合理规划目标利润，确保目标利润的实现。

二、判断题

1. ×　　2. √　　3. ×　　4. ×
5. ×　　6. ×　　7. ×　　8. √
9. √　　10. √　　11. √

三、单项选择题

1. A　　2. A　　3. C　　4. A
5. A　　6. D　　7. B

四、多项选择题

1. ABCD　　2. ABD　　3. ACD　　4. CD
5. AC　　6. BCD　　7. DE

五、简答题

1. 试说明本-量-利分析相关范围假设的具体含义。

答：相关范围假设是本-量-利分析的基本假设之一，具体包括期间假设和业务量假设。

（1）期间假设。无论是固定成本还是变动成本，其固定性与变动性均体现在特定的期间内，其金额大小也是在特定期间内加以计量而确定的。随着时间的推移，固定成本总额及其内容会发生变化，单位成本的数额及其内容也会发生变化。即使通过分析计算出了固定成本的总额和单位成本的大小，那也是彼期间而非本期间的结果了。

（2）业务量假设。按成本性态进行划分而得到的固定成本和变动成本，是在一定业务量范围内分析和计量的结果，业务量发生变化特别是变化较大时，即使成本性态不发生变化（成本性态是有可能变化的），也需要重新加以计量。这当然就构成了新的业务量假设。

期间假设与业务量假设之间是一种相互依存的关系。这种依存性表现为在一定期间内业务量往往保持不变或变化不大，而一定的业务量又从属于特定的期间。换句话说，不同期间的业务量往往会发生较大的变化，不同期间相距较大时更是如此；而当业务量发生很大变化时，出于成本性态分析的需要，不同的期间也就由此划分了。

2. 试比较利润对固定成本、单位变动成本、销售价格以及销售量等因素变化的敏感程度。

答：利润（E）对固定成本（a）、单位变动成本（b）、销售价格（p）以及销售量（x）等因素变化的敏感程度可以通过各因素的敏感系数来表示。各因素的敏感系数可以通过下列计算公式得到：

$$固定成本敏感系数 = -\frac{a}{E}$$

$$单位变动成本敏感系数 = -\frac{bx}{E}$$

$$销售价格敏感系数 = \frac{px}{E}$$

$$销售量敏感系数 = \frac{(p-b)x}{E}$$

从以上公式中可以看出，各因素的敏感系数在不同条件下所决定的实现目标利润模型是不同的，不能简单地说哪一个因素的敏感系数更大，必须根据具体情况，通过上述公式的计算来做出判断。

3. 研究盈亏临界点有何意义？

答：盈亏临界点的贡献在于：说明该产品在什么状态下会盈利或亏损；说明该产品在同行业竞争中所处的状态，因为盈亏临界点越高则竞争力越弱；成为经营决策的基础，企业应选择盈亏临界点低、发展潜力大、安全性高的产品。

4. 敏感性分析的作用是什么？

答：敏感性分析的作用在于综合分析：在确定各相关因素的敏感系数后，根据敏感系数排序，按最大原则寻找利润最大的组合方案，并在方案实施的过程控制中，选择控制的重点和方法。

5. 本-量-利分析的扩展研究是对本-量-利分析基本假设的否定吗？在实践中，对该类扩展研究你有哪些思考？

答：本-量-利分析基本假设的作用是在一个正常的环境下研究本-量-利分析的应用，而本-量-利分析的扩展研究则是在一个超出正常的环境下研究本-量-利分析的应用，是本-量-利分析的延伸问题，不是对本-量-利分析基本假设的否定。

类似的扩展研究还有很多，如存货基本模型及其扩展研究、投资决策及其扩展研究等。因此，我们既要研究正常环境下的常态问题，也要在把握常态问题的基础上研究超出正常环境（或异常环境）的非常态问题。

六、计算题

1. 答：

（1）盈亏临界点销售量 $=\dfrac{60\,000}{80-50}=2\,000$（件）

（2）安全边际 $=4\,000-2\,000=2\,000$（件）

安全边际率 $=\dfrac{2\,000}{4\,000}\times100\%=50\%$

2. 答：

（1）实现目标利润的销售量 $=\dfrac{100\,000+50\,000}{80-50}=5\,000$（件）

（2）销售量敏感系数 $=\dfrac{(p-b)x}{E}=\dfrac{(80-50)\times4\,000}{70\,000}=1.71$

销售价格敏感系数 $=\dfrac{px}{E}=\dfrac{80\times4\,000}{70\,000}=4.57$

单位变动成本敏感系数 $=-\dfrac{bx}{E}=-\dfrac{50\times4\,000}{70\,000}=-2.86$

固定成本敏感系数 $=-\dfrac{a}{E}=\dfrac{-50\,000}{70\,000}=-0.71$

3. 答：比较两个方案哪一个更为有利的标准是比较两个方案的预计利润。

方案一：

销售价格 $=10-0.5=9.5$（元）

销售量 $=2\,000\times(1+35\%)=2\,700$（件）

单位变动成本 $=8$（元）

固定成本 $=3\,000$（元）

预计利润 $=2\,700\times(9.5-8)-3\,000=1\,050$（元）

方案二：

销售价格 $=10$（元）

销售量 $=2\,000\times(1+20\%)=2\,400$（件）

单位变动成本 $=8$（元）

固定成本 $=3\,000+500=3\,500$（元）

$$预计利润＝2\,400×(10－8)－3\,500＝1\,300(元)$$

比较两个方案的预计利润可知，方案二的预计利润比方案一高出 250 元（1 300－1 050），所以方案二更有利。

4. 答：

（1）设备购置以前。

$$单位变动成本＝\frac{22\,500}{1\,500}＝15(元)$$

$$单位产品的贡献毛益＝36－15＝21(元)$$

$$盈亏临界点销售量＝\frac{20\,000}{21}＝952(件)$$

$$安全边际＝1\,500－952＝548(件)$$

$$可实现利润＝548×21＝11\,508(元)$$

（2）设备购置以后。

$$单位变动成本＝\frac{22\,500}{1\,500}×(1－20\%)＝12(元)$$

$$单位产品的贡献毛益＝36－12＝24(元)$$

$$每年增加折旧费用＝\frac{20\,000}{5}＝4\,000(元)$$

$$盈亏临界点销售量＝\frac{20\,000＋4\,000}{24}＝1\,000(件)$$

$$安全边际＝1\,500－1\,000＝500(件)$$

$$可实现利润＝500×24＝12\,000(元)$$

购置设备后，企业每年增加利润 492 元（12 000－11 508），说明购置方案是合理的。

5. 答：

（1）成本资料分析如下：

单位变动成本：268 元。其中，材料 214 元，生产工人工资 28 元，变动制造费用 26 元。

固定成本：141 000 元。其中，固定制造费用 129 000 元，包括生产管理人员工资 36 000 元（1 500×2×12），技术人员工资 24 000 元（2 000×12），设备租金 45 000 元，车间仓库租金 24 000 元（2 000×12），其他固定性费用 12 000 元（1 000×12）。

单价：350 元（0.35×1 000）。

年销售量：日生产能力 12 000 支（1 000×12）＜需求量，所以每天利用最大生产能力仍然供不应求，年销售量相当于 3 600 锅（12×300）。

$$盈亏临界点 = \frac{固定成本}{销售价格 - 单位变动成本}$$

$$= \frac{141\,000}{350 - 268} = 1\,720（锅）$$

因为盈亏临界点 1 720 锅小于年销量 3 600 锅，所以该冰淇淋加工厂可以开业。

（2）预计利润计算如下：

$$预计利润 = （销售价格 - 单位变动成本）\times 销售量 - 固定成本$$

$$= （350 - 268）\times 3\,600 - 141\,000$$

$$= 154\,200（元）$$

（3）根据上述条件，不能实现年获利 180 000 元的利润目标。若想实现，应从以下方面努力。

1）降低单位变动成本。

$$单位变动成本 = 销售价格 - （目标利润 + 固定成本）/销售量$$

$$= 350 - \frac{180\,000 + 141\,000}{3\,600}$$

$$= 261（元）$$

如果其他条件不变，将单位变动成本降低到 261 元（降低 7 元成本），就目前的物价和工资水平看，可能会影响产品质量，导致市场销量下降，甚至影响企业形象。该方法不太可行。

2）降低固定成本。

$$固定成本 = （销售价格 - 单位变动成本）\times 销售量 - 目标利润$$

$$= （350 - 268）\times 3\,600 - 180\,000$$

$$= 115\,200（元）$$

如果其他条件不变，将固定成本降低到 115 200 元（降低 25 800 元成本），就目前企业状况来看，该方法不太可行。

3）扩大销量。从上述调查和分析可以看出，企业产品供不应求，完全可以扩大销量增加利润，但是设备生产能力不允许。

4）提高单价。

$$单价 = 单位变动成本 + （目标利润 + 固定成本）/销售量$$

$$= 268 + \frac{180\,000 + 141\,000}{3\,600}$$

$$= 357（元）$$

其他价格条件不变，将单价提高到 0.357 元。从目前市场同类产品的价格看，均低于 0.357 元，如果提价，将影响产品销量。该方法不太可行。

5）扩大规模。从上述分析来看，扩大企业规模可以实现目标利润。租用设备、雇用人员，就市场需求量来看是可行的，但是资金状况、车间、仓库等承租情况还要进一步调查。

教材习题解析

一、思考题

1. 本−量−利分析的基本假设有哪些？说明它们的具体含义。

答：本−量−利分析的基本假设主要包括：

（1）相关范围假设。即本−量−利分析中对成本性态的划分都是在一定的相关范围之内的。相关范围假设同时又包含了期间假设和业务量假设两层含义。

（2）模型线性假设。具体包括：固定成本与单位变动成本不变假设、销售价格不变假设。

（3）产销平衡假设。本−量−利分析的核心是分析业务量作为驱动因素如何引起成本和利润的变化。而在分析业务量的变化时，对应着产量和销售量两种指标，产销不平衡以及由此出现的存货问题会将分析引向一系列复杂的情形。为简化问题，基本的本−量−利分析假定产销平衡，即产量与销售量相等。对现实中存在的产销不平衡情形和存货问题，都可以基于本−量−利分析的原理予以拓展分析。

（4）品种结构不变假设。本假设是指在生产和销售多品种产品的企业中，各种产品的销售收入在总收入中所占的比重不变。

上述假设的背后都暗藏着一个共同的假设，即假设企业的全部成本可以合理准确地分解为固定成本与变动成本。

2. 盈亏临界点分析在企业经营决策中有什么作用？试结合实例进行分析。

答：盈亏临界点又叫保本点，是指企业的经营规模（销售量）刚好使企业达到不盈不亏的状态。盈亏临界点分析就是根据成本、销售收入、利润等因素之间的函数关系，预测企业在怎样的情况下达到不盈不亏的状态。盈亏临界点分析所提供的信息，对于企业合理计划和有效控制经营过程极为有用，如预测成本、收入、利润和预计售价、销量的变动对利润的影响等。应该指出的是，盈亏临界点分析是在研究成本、销售收入与利润三者之间相互关系的基础上进行的，所以除了销售量因素外，销售价格、固定成本与变动成本的变动也可以使企业达到不盈不亏的状态，只不过在进行盈亏临界点分析时，某一因素与其他因素之间表现为互为因果关系。

例如，某企业为生产和销售单一产品的企业，现有相关数据如下，单价为 50 元，单位变动成本为 20 元，固定成本为 60 000 元，那么该企业要至少销售多少件产品才能开始盈利呢？这里我们就要运用盈亏临界点分析来确定企业在现有条件下的盈亏临界点。根据盈亏临界点销售量的公式，求出产品盈亏临界点销售量为 2 000 件，如果销售量低于 2 000 件，企业将会发生亏损。

3. 敏感性分析是如何开展的？请具体分析。

答：分析固定成本（a）、变动成本（b）、销售价格（p）和销售量（x）的变化，对利润（E）产生的影响是敏感性分析的主要内容。以上因素对利润的影响程度存在差别。有的因素虽然发生了较小的变动，却能导致利润发生很大变化，即利润对该因素的变化很敏感。通常情况下，我们用敏感系数反映利润对这些因素变化的敏感程度。敏感系数等于目标值变动百分比与因素值变动百分比之比。

各因素的敏感系数可以通过以下公式计算求得：

$$固定成本敏感系数 = -\frac{a}{E}$$

$$单位变动成本敏感系数 = -\frac{bx}{E}$$

$$销售价格敏感系数 = \frac{px}{E}$$

$$销售量敏感系数 = \frac{(p-b)x}{E}$$

下面举例说明利润对这些因素的敏感程度。假设某企业为生产和销售单一产品企业。计划年度预计有关数据如下：销售量为 5 000 件，销售价格为 50 元，单位变动成本为 30 元，固定成本为 50 000 元，企业目标利润为 50 000 元。当各因素分别增长 20% 时，各因素的敏感系数分别为：

$$固定成本敏感系数 = -\frac{50\,000}{50\,000} = -1$$

$$单位变动成本敏感系数 = \frac{-30 \times 5\,000}{50\,000} = -3$$

$$销售价格敏感系数 = \frac{50 \times 5\,000}{50\,000} = 5$$

$$销售量敏感系数 = \frac{(50-30) \times 5\,000}{50\,000} = 2$$

上述四个因素按敏感程度排列的顺序是：销售价格＞单位变动成本＞销售量＞固定成本。其中，敏感系数为正值，表示该因素与利润同方向变动；敏感系数为负值，表示该因素与利润反方向变动。在进行敏感程度分析时，敏感系数是正是负无关紧要，关键是看敏感系数绝对值的大小，绝对值越大则说明敏感程度越高。同时，上述敏感程度的排序是在例题所设定的条件下的结果，如果条件发生了变化，则各因素的敏感程度的排列顺序也可能发生变化。在通常情况下，销售价格的敏感系数最大。销售价格的敏感系数大于销售量的敏感系数，这一结论可以从敏感系数公式得到。同时，在企业正常经营时，px（销售收入）既大于 a（固定成本），又大于 bx（变动成本）；否则，企业可能连简单再生产都难以维持，现金流也可能发生严重的困难。所以，涨价是企业提高盈利最直接、最有效的手段，而价格下跌则是企业最大的威胁。

4. 通过本章的学习，说明本-量-利分析的优点和局限性。列举实例进行说明。

答：本-量-利分析是指在成本按其成本性态划分为变动成本和固定成本的基础上，以量化的会计模型和图形来揭示固定成本、变动成本、销售量、销售价格、利润等变量之间的内在规律性联系的一种分析方法。

优点：（1）通过本-量-利可以使企业对其保本点进行分析。进行保本点分析，可以为企业管理当局提供未来期间为防止发生亏损应完成的最小极限业务量信息，同时也能为审视企业未来经营的安全程度和目标利润分析创造条件。（2）还可以利用本-量-利对企业保利点进行分析，即在产品销售价格和现有生产能力确定的情况下，预计确保完成目标利润能够实现而需要达到的销售收入和销售量。（3）现实经济生活中，影响企业利润的各个因素都在不断变化，通过本-量-利分析中的敏感性分析，可以分析当一种因素发生变化时，目标值如何变化以及变化的幅度有多大。

局限性：本-量-利分析的理论和方法是建立在一系列假设基础上的，主要包括：（1）相关范围假设，具体包括期间假设、业务量假设；（2）模型线性假设，具体包括固定成本与单位变动成本不变假设、销售价格不变假设；（3）产销平衡假设；（4）品种结构不变假设。但是实际经济活动中，不可能完全满足上面的条件。企业在实际运用本-量-利模型分析问题时，要结合自身特点，适当修正模型。

下面以模型线性假设为例来说明问题。某企业生产和销售单一产品，产品销售价格、单位变动成本和固定成本数据如表 3-2 所示，如何确定其保本点？

表 3-2　基本数据表

项目	产品销售价格		单位变动成本		固定成本	
预计值（元）	15	14	10	9	60 000	50 000
概率	0.8	0.2	0.7	0.3	0.3	0.7

通过计算可以得到表 3-3。

表 3-3　计算表

产品销售 价格（元）	单位变动 成本（元）	固定成本 （元）	组合	保本点 销售量（件）	联合概率	期望值 （件）
15	10	50 000	1	10 000	0.392	3 920

续表

产品销售价格（元）	单位变动成本（元）	固定成本（元）	组合	保本点销售量（件）	联合概率	期望值（件）
15	10	60 000	2	12 000	0.168	2 016
15	9	50 000	3	8 333	0.168	1 400
15	9	60 000	4	10 000	0.072	720
14	10	50 000	5	12 500	0.098	1 225
14	10	60 000	6	15 000	0.042	630
14	9	50 000	7	10 000	0.042	420
14	9	60 000	8	12 000	0.018	216
预测盈亏临界点销售量						10 547

由上述分析可知，在不确定条件下运用概率分析的方法进行本-量-利分析，考虑了多种可能及其概率，工作量很大。

5. 敏感性分析在企业利润规划时是如何发挥作用的？请具体分析。

答：敏感性分析，是分析当某一因素发生变化时，会引起目标值发生怎样的变化以及变化程度如何。本-量-利分析中的敏感性分析主要研究两方面的内容：一是有关因素发生多大变化时会使企业由盈利变为亏损，即保本点问题；二是有关因素变化对利润变化的影响程度。

当企业进行利润规划时，可以从销售量、销售价格、单位变动成本和固定成本这四个方面进行控制。

因为销售量与利润同方向变动，所以销售量的临界值实际上是实现目标利润的销售量最小值。其中，最小销售量＝（目标利润＋固定成本）/（销售价格－单位变动成本）。同销售量一样，销售价格也与利润同方向变动，所以销售价格的临界值实际上是指实现目标利润的销售价格最小值。其中，最小销售价格＝单位变动成本＋（目标利润＋固定成本）/销售量。单位变动成本与利润是反方向变动的，所以单位变动成本临界值实际上是指实现目标利润的单位变动成本的最大值。其中，最大单位变动成本＝销售价格－（目标利润＋固定成本）/销售量。固定成本与利润是反方向变动的，所以固定成本临界值实际上是实现目标利润的固定成本最大值。其中，最大固定成本＝（销售价格－单位变动成本）×销售量－目标利润。

假设某企业生产和销售单一产品，现有数据为：销售价格20元，销售量5 000件，单位变动成本12元，固定成本28 000元，如果企业要实现目标利润16 000元，试确定销售量、销售价格、单位变动成本和固定成本。在其他三个因素不变的条件下，销售量为5 500件，销售价格为20.8元/件，单位变动成本为11.2元，固定成本为24 000元。

二、练习题

1. 答：

(1) 4 000 件（计算过程略）。

解题思路：

销售量＝60 000/12＝5 000 件。

由单位变动成本和贡献毛益率推算得知，销售价格＝30 元。

由税前利润和其他本-量-利数据可知，固定成本＝72 000 元。

由此可知，2×23 年的盈亏临界点销售量＝固定成本/（销售价格－单位变动成本）＝72 000/（30－12）＝4 000 件。

(2) 25 200 元。

如果销量提高，则税前利润＝（30－12）×5 000×（1＋8%）－72 000＝25 200 元。

2. 答：

空白栏数据如表 3-4 所示。

表 3-4　数据计算表　　　　　单位：元

生产部	销售收入（元）	变动成本总额（元）	贡献毛益率（%）	固定成本总额（元）	净利润（元）
1	180 000	108 000	40	60 000	12 000
2	300 000	165 000	45	100 000	35 000
3	250 000	175 000	30	80 000	−5 000
4	400 000	260 000	35	110 000	30 000

3. 答：

(1) 销售量敏感系数 $=\dfrac{(p-b)x}{E}$

$=\dfrac{(200-90)\times 1\,000}{55\,000}=2$

(2) 2×23 年计划增加销售量 5%，由于销售量的敏感系数为 2，所以

利润的增长率＝销售量增长率×销售量敏感系数

＝5%×2

＝10%

2×23 年预期营业利润＝2×22 年营业利润×（1＋10%）

＝55 000×1.1

＝60 500（元）

(3) 若 2×23 年目标利润为 66 000 元，即在 2×22 年营业利润的基础上增长 20%，则

$$销售量增长率=\frac{营业利润增长率}{销售量敏感系数}=\frac{20\%}{2}=10\%$$

$$2\times23年销售量=1\,000\times(1+10\%)=1\,100(件)$$

4. 答：

结合第4题中表格提供的信息，可以计算得到各项产品的本-量-利信息，如表3-5所示。

表3-5　基本数据表

项目	客房	餐饮	商场
单位销售价格（元）	1 000	300	200
单位变动成本（元）	20	150	140
单位贡献毛益（元）	980	150	60
贡献毛益率（%）	98	50	30
销售收入占比（%）	50	45	5

并进一步得到现有销售组合的本-量-利信息，如表3-6所示。

表3-6　现有销售组合情况　　　　金额单位：万元

项目	客房	餐饮	商场	合计	百分比（%）
销售收入占比（%）	45	40	15	100	
销售收入	9 000	8 000	3 000	20 000	100
变动成本	180	4 000	2 100	6 280	31.4
贡献毛益	8 820	4 000	900	13 720	68.6
固定成本				8 600	
利润				5 120	
预期利润				6 000	

若企业试图采取改变价格的方法提高利润，则需要测算产品价格提升后对该产品贡献毛益和产品销量的影响，并评估销售组合对企业整体盈利的影响。例如，企业可以提高商场服务的价格，并基于价格变动对利润影响的敏感系数，假定其他因素不变，评估由商场服务价格提高带来的单边影响。

若企业试图采取改变成本的方法提高利润，在基础设施难以短期调整的情况下可以着眼于降低单位变动成本。由于客房的贡献毛益率已经达到98%，因此考虑降低另外两种产品的单位变动成本和提高它们的贡献毛益率，以提高商场的贡献毛益率为例，如表3-7所示。

表 3-7　利益计算表　　　　　　　　金额单位：万元

项目	客房	餐饮	商场	合计	百分比（%）
销售组合（%）	45	40	15	100	
销售收入	9 000	8 000	3 000	20 000	100
变动成本	180	4 000	1 220	5 400	27
贡献毛益	8 820	4 000	1 780	14 600	73
固定成本				8 600	
利润				6 000	

若企业采取开发新产品的方法提高利润，则应特别关注贡献毛益率高的产品。

在将多产品本-量-利分析技术运用到企业的经营决策当中时，由于企业管理者不可能准确地预测未来，因此，企业在确定加权平均贡献毛益率时可以使用以下两种方法来提高准确度：一是利用概率方法，通过各种可能发生情况的变量值和相应的概率，确定企业的销售组合期望值，从而确定加权平均贡献毛益率；二是可以将企业各产品的销售比重从一个单一值拓展为一个相对可靠估算的销售比重区间，从而确定企业产品的加权平均贡献毛益率的取值范围。

C 第 4 章
Chapter 4　经营预测

☐ 学习目标

1. 了解销售预测的主要内容，掌握销售预测方法的应用。

2. 熟练掌握成本预测的程序和方法，理解成本预测的分析原理与本-量-利分析的关系。

3. 理解经营预测与经营决策的关系。

☐ 学习指导

一、学习重点

1. 了解销售预测在经营预测中的重要地位，明确销售预测与成本预测、利润预测、资金需要量预测的相互关系，掌握不同销售预测方法在不同销售环境下的灵活应用。

2. 掌握成本预测方法。

二、学习难点

1. 虽然教材是按销售预测、成本预测、利润预测、资金需要量预测的顺序（如以销定产的状态）展开的，但在实际工作中，不同的竞争策略、不同的市场环境将会形成不同的预测逻辑，学习时应予以足够的重视。

2. 由于不同预测对象各自的发展趋势有其自身的规律性，因此在进行企业经济活动的预测分析时，要针对不同的预测对象，选择适宜的预测方法灵活应用，这是比较困难的，应努力提高融会贯通的能力。

练习题

一、名词解释

1. 经营预测　　　　　　　　2. 定性销售预测

3. 调查分析法　　　　　　　4. 趋势预测分析法

5. 因果预测分析法

二、判断题

1. 运用加权平均法进行销售预测的关键是按照各个观察值与预测值不同的相关程度分别规定适当的权数。（　　）

2. 定量销售预测比定性销售预测更为精确。（　　）

3. 当各历史时期的销售量呈现增减趋势，运用加权平均法时，有必要将近期观察值的权数规定得小一些。（　　）

4. 指数平滑法下，指数平滑系数的取值越大，近期实际销售量对预测结果的影响就越小。（　　）

第 4 章判断题
即测即评

5. 目标成本法是指根据产品的成本构成来制定产品目标成本的一种方法。

（　　）

6. 产品品种结构变化对利润的影响是由于各个不同品种的产品利润率是不同的，而预测下期利润时，是以本期各种产品的平均利润率为依据的。（　　）

7. 凡是顾客数量有限，调查费用不高，每位顾客意向明确又不会轻易改变的，均可以采用调查分析法进行预测。（　　）

8. 成本初步预测是指在当前生产条件下，采取新的降低成本措施来确定预测期可比产品能否达到初步目标成本要求的一种预测。（　　）

三、单项选择题

1. 下列各种销售预测方法中，没有考虑远近期销售量对未来销售状况产生不同影响的方法是（　　）。

A. 移动平均法　　　　　　　B. 算术平均法

C. 加权平均法　　　　　　　D. 指数平滑法

第 4 章单项选择题
即测即评

2. 某企业利用 0.4 的指数平滑系数进行销售预测，已知 2×22 年的实际销售量为 100 吨，预测销售量比实际销售量多 10 吨；2×23 年实际销售量比预测销售量少 6 吨，则该企业 2×24 年预测销售量为（　　）吨。

A. 106.6　　　B. 103.6　　　C. 93.6　　　D. 63.6

3. 资金增长趋势预测法，就是运用（　　）原理对过去若干期间销售收入（或销售量）及资金需要量的历史资料进行分析、计量后，确定反映销售收入与资金需要量之间的回归直线（$y = a + bx$），据以推算未来期间资金需要量的一种方法。

    A. 线性回归分析法   B. 判断分析法

    C. 加权平均法   D. 季节预测分析法

    4. 对于制造企业来说，经营预测的对象包括对产品销售市场、产品生产成本、利润以及（   ）等方面的预测。

    A. 资金需要量   B. 流动资金需要量

    C. 固定资产需要量   D. 材料需要量

    5. 在社会主义市场经济条件下，市场决定着企业的生存和发展。在企业经营预测中，起决定作用的是（   ）。

    A. 成本预测   B. 利润预测

    C. 销售预测   D. 资金需要量预测

    6. 判断分析法是指销售人员根据（   ）进行估计，然后将估计结果加以综合，从而得出企业总体的销售预测的一种方法。

    A. 消费意向   B. 直觉判断

    C. 数学模型   D. 市场前景

    7. 趋势预测分析法和因果预测分析法属于（   ）。

    A. 调查分析法   B. 判断分析法

    C. 定性销售预测   D. 定量销售预测

    8. （   ）最常用的方法是线性回归分析法。

    A. 调查分析法   B. 因果预测分析法

    C. 趋势预测分析法   D. 季节预测分析法

第4章多项选择题
即测即评

四、多项选择题

    1. 定性销售预测有多种方法，具体包括（   ）。

    A. 判断分析法   B. 指数平滑法

    C. 线性回归分析法   D. 调查分析法

    E. 移动平均法

    2. 定量销售预测有多种方法，具体包括（   ）。

    A. 判断分析法   B. 集合意见法

    C. 非数量分析法   D. 趋势预测分析法

    E. 因果预测分析法

    3. 成本降低方案的提出主要可以从（   ）三个方面着手，这些方案应该既能降低成本，又能保证生产和产品质量。

    A. 改进产品设计   B. 改善生产经营管理

    C. 增加销售量   D. 控制管理费用

    E. 提高销售单价

4. 在测算各项措施对产品成本的影响程度时，应抓住影响成本的重点因素进行测算。一般可以从节约原材料消耗和（　　　）等方面进行测算。

A. 提高劳动生产率　　　　　　　　B. 合理利用设备

C. 节约管理费用　　　　　　　　　D. 减少废品损失

E. 提高销售量

5. 由于经济生活的复杂性，并非所有影响因素都可以通过定量进行分析，如下列因素就只有定性的特征（　　　）。

A. 市场前景　　　　　　　　　　　B. 政治形势

C. 宏观环境　　　　　　　　　　　D. 购买力指数

E. 生产力布局

6. 常用的趋势预测分析法有（　　　）。

A. 算术平均法　　　　　　　　　　B. 加权平均法

C. 购买力指数法　　　　　　　　　D. 指数平滑法

E. 线性回归分析法

7. 决定单台设备年产量的因素有（　　　）。

A. 台班产量　　　　　　　　　　　B. 开工班次

C. 设备负荷系数　　　　　　　　　D. 定额改进系数

E. 全年预计工作日数

8. 影响产品销售利润的主要因素有（　　　）。

A. 产品销售数量　　　　　　　　　B. 产品品种结构

C. 产品销售成本　　　　　　　　　D. 产品销售价格

E. 产品贡献毛益

五、简答题

1. 采用趋势预测分析法时应当注意的问题主要有哪些？

2. 算术平均法与加权平均法的适用范围是什么？

六、计算题

1. 西发公司专门生产彩色电视机显像管，假设近 5 年全国彩色电视机的实际销售量的统计资料和西发公司彩色电视机显像管的实际销售量资料如表 4 - 1 所示。

表 4 - 1　基础数据表

项目	2×19 年	2×20 年	2×21 年	2×22 年	2×23 年
显像管销售量（万只）	25	30	36	40	50
电视机销售量（万台）	120	140	150	165	180

要求：

（1）用算术平均法预测 2×24 年西发公司彩色电视机显像管的销售量。

（2）假设各年的权数依次是 0.1、0.1、0.2、0.2、0.4，用加权平均法预测 2×24 年西发公司彩色电视机显像管的销售量。

2. 假设中盛公司近 5 年某产品的产量与成本数据如表 4-2 所示。计划年度的预计产量为 850 台。

表 4-2　基础数据表

年份	产量（件）	单位产品成本（元）
1	500	70
2	600	69
3	400	71
4	700	69
5	800	65

要求：采用线性回归分析法预测计划年度产品的总成本和单位成本。

练习题参考答案

一、名词解释

1. 经营预测，是运用预测学原理与方法，结合成本性态、本-量-利分析等管理会计方法对企业未来一年的经营过程与经营结果开展预测，包括销售预测、成本预测、利润预测和资金需要量预测。

2. 定性销售预测，主要依靠预测人员的专业知识和职业判断，进行主观的分析和评估。在实务中，未来是充满不确定性的，许多因素难以通过量化预测的方式较为可靠或合理地评估它们对未来期间销售量（销售收入）的具体影响，由此就会采用实践经验丰富的专业人士基于其对企业所处的行业背景、市场环境以及企业自身因素等方面做出定性的判断。

3. 调查分析法，是指对有代表性顾客消费意向的调查，了解市场需求的变化趋势，进行销售预测的一种方法。在调查时应当注意：首先，选择的调查对象要具有普遍性和代表性，调查对象应能反映市场中不同细分客户群体的消费意向；其次，调查的方法必须科学合理，目前在市场营销领域已经有许多成熟的调查量表和问卷，可借助量表了解客户消费倾向。新一代的大数据采集方法，不仅支持大规模在线问卷调查，还可以通过线上的问卷调查平台大规模地向企业的现有客户和潜在客户投放相应的问卷，从而使得调查分析方法可以建立在大数据分析的基础上。此外，调查分析法也包括对随机抽取的客户进行现场或线上访谈等。对调查取得的数据资料，已经有成熟的问卷调查分析方法（如对问卷的效度和信度检验分析等）和访谈数据质性分析方法，推动调查数据的科学分析。

4. 趋势预测分析法，是指应用一定的数学方法对企业的历史数据进行建模，进而找出销售随时间变化的趋势，以此推断未来的销售趋势。该方法假设历史趋势是可以延续的，由此借助历史趋势开展预测。常用的趋势分析法有算术平均法、加权平均法、指数平滑法等。

5. 因果预测分析法，是指以建模的方式刻画产品销售（因变量）同其相关因素（自变量）之间的函数关系，进行产品销售预测的方法。影响产品销售的因素是多方面的，既有企业外部因素，也有企业内部因素；既有客观因素，也有主观因素。在这些因素中，有些因素对产品销售起着决定性作用或与产品销售存在某种函数关系，我们就可以利用这种函数关系进行产品的销售预测。

二、判断题

1. √   2. √   3. ×   4. ×

5. ×   6. √   7. √   8. ×

三、单项选择题

1. B   2. B   3. A   4. A

5. C   6. B   7. D   8. B

四、多项选择题

1. AD   2. DE   3. ABD   4. ABCD

5. ABC   6. ABD   7. ABE   8. ABCDE

五、简答题

1. 采用趋势预测分析法时应当注意的问题主要有哪些？

答：趋势预测分析法是指应用一定的数学方法以企业的历史数据进行建模，进而找出销售随时间变化的趋势，以此推断未来的销售趋势。该方法假设历史趋势是可以延续的，由此借助历史趋势开展预测。常用的趋势分析法有算术平均法、加权平均法、指数平滑法等。采用趋势预测分析法应当注意：（1）该方法假设事物的发展将遵循延续性原则，是可以预测的，因此发现销售变化的规律是十分重要的。（2）根据销售变化的规律采用适当的预测方法，如在销售比较稳定的情况下，往往采用算术平均法，而当产品销售呈现某种上升或下降的趋势，则应采用加权平均法或指数平滑法。（3）根据管理的不同要求，适当地灵活应用。在采用指数平滑法时，如果用于近期预测，指数平滑系数的取值应大；而用于远期预测，指数平滑系数的取值应小。

2. 算术平均法与加权平均法的适用范围是什么？

答：（1）算术平均法，就是把若干历史时期的销售量或销售额作为观察值，求出其简单平均数，并将平均数作为下期销售的预测值。在销售比较稳定的情况下，往往采用该方法。如果产品的销售额或销售量呈现某种上升或下降的趋势，就不能简单地采用该方法。

（2）加权平均法，是将若干历史时期的销售量或销售额作为观察值，将各个观察值与各自权数的乘积加总，然后除以权数之和，求出加权平均数，并将加权平均数作为销售量的预测值。按照各个观察值与预测值的相关程度分别规定适当的权数，是运用加权平均法进行销售预测的关键。当各历史时期的销售量呈现增减趋势时，为了体现这种增减趋势，有必要将近期观察值的权数规定得大一些，远期观察值的权数规定得小一些，使预测值更接近近期的观察值。

六、计算题

1. 答：

（1）用算术平均法计算。

$$2\times24\text{ 年彩色显像管预测销售量}=\frac{25+30+36+40+50}{5}$$
$$=36.2\text{（万只）}$$

（2）用加权平均法计算。

$$\begin{array}{c}2\times24\text{ 年彩色}\\\text{显像管预测销售量}\end{array}=25\times0.1+30\times0.1+36\times0.2+40\times0.2+50\times0.4$$
$$=40.7\text{（万只）}$$

2. 答：

计算结果见表 4-3。

表 4-3　计算表

年份（n）	产量（x）	单位产品成本	总成本（y）	xy	x^2
1	500	70	35 000	17 500 000	250 000
2	600	69	41 400	24 840 000	360 000
3	400	71	28 400	11 360 000	160 000
4	700	69	48 300	33 810 000	490 000
5	800	65	52 000	41 600 000	640 000
$n=5$	$\sum x=3\,000$		205 100	129 110 000	1 900 000

$$b=\frac{n\sum xy-\sum x\sum y}{n\sum x^2-(\sum x)^2}=\frac{5\times129\,110\,000-3\,000\times205\,100}{5\times1\,900\,000-3\,000\times3\,000}$$
$$=60.5\text{（元）}$$

$$a=\frac{\sum y-(b\sum x)}{n}=\frac{205\,100-60.5\times3\,000}{5}=4\,720\text{（元）}$$

计划年度产品预计总成本为：

$$y=4\,720+60.5\times850=56\,145(元)$$

计划年度产品预计单位成本为：

$$b=\frac{56\,145}{850}=66.05(元)$$

教材习题解析

一、思考题

1. 定性销售预测和定量销售预测的优缺点是什么？其适用范围是什么？

答：（1）定性销售预测主要依靠预测人员的专业知识和职业判断，在考虑政治经济形势、市场变化、经济政策、消费倾向等对经营影响的前提下，对事物的性质和发展趋势进行预测和推测的分析方法。定性销售预测又分为判断分析法和调查分析法两大类。

定性预测的优点在于注意对当期事物发展变化的把握，在资料不足的情况下可以加快预测速度；缺点是容易受主观因素的影响，科学依据不足，准确性、可靠性较差。

（2）定量销售预测主要是应用数学建模等方法对与销售有关的各种经济信息进行科学的加工处理，建立相应的数学模型，充分揭示各有关变量之间的规律性联系，并做出相应的预测结论的分析方法。定量销售预测主要有趋势预测分析法、因果预测分析法等。

定量预测的优点是预测结果具有客观性。但由于经济生活的复杂性，并非所有影响因素都可以通过定量进行分析，某些因素（例如，政治经济形势的变动、消费倾向、市场前景、宏观环境的变化等）只有定性的特征，定量预测比较机械，难以预测事物的发展变化；再者，定量分析也存在其本身的局限性，任何数学方法都不能概括所有复杂的经济变化情况。如果不结合预测期间的政治、经济、市场等方面的变化情况，必然会导致预测结果脱离客观实际。所以，我们必须根据具体情况，把定量分析与定性分析方法结合起来使用，这样才能达到良好的效果。

除此之外，定量预测的结果通常比定性预测更加精确。

2. 某家电企业拟采用调查分析法进行销售预测，应如何做？

答：通过对有代表性顾客的消费意向进行调查，了解市场需求的变化趋势，了解顾客明年的购买量，了解顾客的财务状况和经营成果，了解顾客的消费喜好、习惯和购买力的变化，了解顾客购买本公司产品占其总需要量的比重和选择供应商的标准等，对销售预测将有更大的帮助。

例如，某家电企业对近年本市住房情况及家电购买情况进行调查，形成以下调查资料，见表4-4。

表4-4 基础数据表

住房情况	家庭户数（个）	每户每年平均购买额（元）
已登记结婚的无房户	80 000	2 000
迁入新房户	10 000	40 000
原住户	500 000	10 000

根据表4-4的资料，该家电企业预测的市场潜量及该家电企业所具有的销售潜量如表4-5所示。

表4-5 分析数据表

住房情况	家庭户数（个）	每户每年平均购买额（元）	市场潜量（万元）	本公司最高市场占有率	本公司市场潜量（万元）
已登记结婚的无房户	80 000	2 000	16 000	7%	1 120
迁入新房户	10 000	40 000	40 000	20%	8 000
原住户	500 000	10 000	500 000	5%	25 000
合计	590 000	—	556 000	—	34 120

该家电企业采用调查分析法预测在本市家电销售潜量为34 120万元。

3. 试述成本预测的基本步骤。

答：一般来说，成本预测的步骤包括：

（1）根据企业的经营总目标，提出初步的目标成本。

（2）预测在当前生产经营条件下成本可能达到的水平，分析与初步目标成本的差距。

（3）提出各种成本降低方案，对比、分析各种方案的效果。

（4）选择成本最优方案并确定正式目标成本。

4. 试述利润预测中因素分析法的主要原理。

答：因素分析法与本-量-利分析中的敏感性分析原理一致。因素分析法是在本期已实现利润水平基础上，预测影响产品利润的各因素变化，进而预测企业下期产品利润。影响产品利润的主要因素有销售数量、销售价格、销售成本以及品种结构等。给定单一产品的利润后可以预测下期各相关因素变动对产品利润的影响。产品利润＝（单位产品销售价格－单位产品成本）×销售量。

二、练习题

1. 答：

$$2 \times 22 \text{年成本利润率} = \frac{\text{基年产品利润}}{\text{基年产品成本}} \times 100\%$$

$$= \frac{1\ 181\ 700 - 900\ 000}{900\ 000} \times 100\% = 31.3\%$$

销售成本变动对利润的影响＝900 000×10％×31.3％＝28 170(元)

A 产品销售价格上升对利润的影响＝11 817×(110−100)

＝118 170(元)

2×23 年销售利润＝1 181 700−900 000＋28 170＋118 170

＝428 040(元)

2. 答：

$$\begin{array}{c}\text{材料消耗定额和材料}\\\text{价格同时变化引起的}\\\text{产品成本降低率}\end{array}=\begin{array}{c}\text{直接材料占}\\\text{产品成本比重}\end{array}\times\left[1-\left(1-\begin{array}{c}\text{材料消耗}\\\text{定额变化率}\end{array}\right)\times\left(1+\begin{array}{c}\text{材料价格}\\\text{变化率}\end{array}\right)\right]$$

＝30％×[1−(1−6％)×(1+10％)]

＝−1.02％

$$\begin{array}{c}\text{人工工时定额和小时}\\\text{工资率同时变化引起的}\\\text{产品成本降低率}\end{array}=\begin{array}{c}\text{直接人工占}\\\text{产品成本比重}\end{array}\times\left[1-\left(1-\begin{array}{c}\text{人工工时}\\\text{变化率}\end{array}\right)\times\left(1+\begin{array}{c}\text{小时工资}\\\text{变化率}\end{array}\right)\right]$$

＝45％×[1−(1−10％)×(1+8％)]

＝1.26％

单位产品成本总降低率＝1.26％−1.02％＝0.24％

$$\begin{array}{c}\text{下一年度产品}\\\text{总成本的变化}\end{array}=\begin{array}{c}\text{本年度产品}\\\text{总成本}\end{array}\times\left[\left(1-\begin{array}{c}\text{单位产品}\\\text{成本变化率}\end{array}\right)\times\left(1+\begin{array}{c}\text{总产量}\\\text{变化率}\end{array}\right)-1\right]$$

＝100×1 000×[(1−0.24％)×(1+10％)−1]

＝9 736(元)

因此，甲产品在下一年度产品总成本将增加 9 736 元。

C 第 5 章

Chapter 5 生产经营决策

学习目标

1. 理解功能和质量是企业竞争力的核心，掌握价值的经济内涵和提升价值的途径，熟练应用产品功能成本决策。

2. 在熟悉成本分类的基础上，熟练掌握贡献毛益分析法、差量分析法、成本无差别点分析法的原理和应用，并能够有针对性地解决经营决策的相关问题。

3. 熟练掌握产品组合决策、生产组织决策的方法，解决相关决策问题。

4. 理解会计基于使用价值管理的价值管理的本质，真正掌握业财融合的价值思维和方法。

学习指导

一、学习重点

1. 产品价格决策、产品功能成本决策、产品品种决策、产品组合决策、生产组织决策的内容与方法。

2. 从更广泛的角度理解和掌握生产经营决策的概念本质、理论基础、程序应用、内容展开和方法原理，并能够融会贯通地掌握生产经营决策的相关内容。

3. 理解管理会计的本质特征——管理会计是以使用价值管理为基础的价值管理活动。

二、学习难点

对于没有实践经验、不了解生产流程和经营管理内容的学生来说，决策是比较困难的。因此，应注意：

1. 理论与实践相结合。一定要掌握基本理论、基本概念和基本方法，在对生产流程和经营管理具有一定了解的情况下，才能运用于实践，学以致用。

2. 在学习中要循序渐进，注意各章节之间的联系，注意许多概念和方法往往可以灵活地应用于不同的管理方向和内容，要注意培养分析判断的能力。

练习题

一、名词解释

1. 产品功能成本决策   2. 价值系数
3. 贡献毛益分析法   4. 差量分析法
5. 成本无差别点分析法   6. 成本无差别点
7. 最优生产批量   8. 相对成本
9. 成本计划评审法   10. 成本加成定价法

二、判断题

1. 对于亏损产品来说，不存在是否应当增产的问题。
（   ）

第 5 章判断题
即测即评

2. 利用成本无差别点做生产经营决策时，如果业务量大于成本无差别点，应选择固定成本较高的方案。（   ）

3. 成本无差别点分析法适用于收入成本型方案的择优决策。（   ）

4. 决策中，只需要根据单位贡献毛益的大小即可进行最优决策。（   ）

5. 差量损益既是差量收入与差量成本之间的数量差异，又是两个备选方案预期收益之间的数量差异。（   ）

6. 差量分析法严格要求区分两个备选方案中哪个是比较方案，哪个是被比较方案。（   ）

7. 差量分析法仅适用于两个方案之间的比较。（   ）

8. 贡献毛益的大小，反映了备选方案对企业目标利润所做贡献的大小。
（   ）

9. 在"是否接受低价追加订货的决策"中，如果追加订货量大于剩余生产能力，必然会出现与冲击正常生产任务相联系的机会成本。（   ）

10. 只要亏损产品能够提供贡献毛益额，就一定要继续生产；凡不能提供贡献毛益额的亏损产品，都应予以停产。（   ）

11. 由于外购零件而使得剩余生产能力出租获取的租金收入，应作为自制方案的机会成本考虑。（   ）

12. 产品组合决策就是确定各种产品生产多少的决策。（   ）

13. 年成本曲线是凹形曲线，在年成本最低点处年准备成本与储存成本相等。
（　　）

14. 如果用一台设备轮换生产几种零部件或产品，其中某种零部件或产品的经济批量等于该零部件或产品全年产量与最优共同生产批次之商。（　　）

15. 一般而言，生产工艺越先进，其单位变动成本越高，固定成本越低。
（　　）

16. 当一种零部件可以由多种设备加工时，一般而言，零部件应该交由相对成本较低的设备去加工。（　　）

17. 当生产任务增加而各车间的生产能力又有剩余时，为了达到使总成本最低的目的，应将增产任务分配给单位成本最低的车间。（　　）

18. 在成本计划评审法运用中，既要控制时间又要控制成本。（　　）

19. 安排赶工的成本斜率原则上应高于提前完成整个项目一天的收益额。
（　　）

20. 制定产品销售价格时需要考虑成本、需求、竞争、科技、法规等方面因素的影响。（　　）

21. 追求最大利润就意味着追求最高价格。（　　）

22. 一般在同行业中实力雄厚、竞争力强的大型企业才可以把一定的投资利润率作为长期定价目标。（　　）

23. 成本是构成产品价格的基本因素，也是价格的最低经济界限。（　　）

24. 凡是新产品的价格制定，都可以以成本为基础定价。（　　）

25. 我们可以通过销售增长率来确定产品所处生命周期的阶段，并结合该阶段产品的质量、成本、产销量、竞争情况等因素制定产品价格策略。（　　）

26. 在产品投入期采用渗透策略，可以迅速收回投资，保证获得初期高额利润。（　　）

27. 产品成长期应该是企业获利最多的时期，因此这个时期的目标利润率应高于整个生命周期的平均利润率。（　　）

28. 就产品生产而言，生产批量越大越好。（　　）

29. 产品功能与成本之间的关系，可以用如下公式表示：价值＝功能/成本。
（　　）

30. 在产品成本提高的情况下，功能提高的幅度小于成本提高的幅度，将会提高产品的价值。（　　）

31. 进行功能成本分析时，可以从畅销产品中选择分析对象，不仅可以降低成本，而且能使该产品处于更有利的竞争地位。（　　）

32. 销售增长率测定法是利用销售增长率判断产品组合优化的一种方法。
（　　）

33. 一般而言，当销售增长率大于等于 0.1 时，表示产品处于成长期。（　　）

34. 在产品品种决策中，经常以成本作为判断方案优劣的标准，有时也以贡献毛益作为判断标准。（　　）

35. 产品功能成本决策的目的在于以最低的成本实现产品适当的、必要的功能，提高产品价值。（　　）

36. 产品组合决策适用于资源无限的多品种产品生产的企业。（　　）

三、单项选择题

1. 某企业 2×22 年生产某亏损产品的贡献毛益总额为 3 000 元，固定成本为 1 000 元，假定 2×23 年其他条件不变，但生产该产品的设备可对外出租，一年的增加收入为（　　）元时，应停产该种产品。

　　A. 2 001　　　　　　　　　　B. 3 000

　　C. 1 999　　　　　　　　　　D. 2 900

2. 两个可供选择的方案之间预期成本的差异即是（　　）。

　　A. 边际成本　　　　　　　　　B. 变动成本

　　C. 差量成本　　　　　　　　　D. 机会成本

3. 在短期经营决策中，企业不接受特殊价格追加订货的原因是买方出价低于（　　）。

　　A. 正常价格　　　　　　　　　B. 单位产品成本

　　C. 单位变动成本　　　　　　　D. 单位固定成本

4. 在存在专属成本的情况下，通过比较不同备选方案的（　　）来进行择优决策。

　　A. 贡献毛益总额　　　　　　　B. 剩余贡献毛益总额

　　C. 单位贡献毛益　　　　　　　D. 单位剩余贡献毛益

5. 在不存在专属成本的情况下，通过比较不同备选方案的（　　）来进行择优决策。

　　A. 贡献毛益总额　　　　　　　B. 剩余贡献毛益总额

　　C. 单位贡献毛益　　　　　　　D. 单位剩余贡献毛益

6. 在企业的某项资源受限制的情况下，通过比较不同备选方案的（　　）来进行择优决策。

　　A. 贡献毛益总额　　　　　　　B. 剩余贡献毛益总额

　　C. 单位产品贡献毛益　　　　　D. 单位资源贡献毛益

7. 剩余贡献毛益与贡献毛益之差为（　　）。

　　A. 变动成本　　　　　　　　　B. 固定成本

　　C. 专属成本　　　　　　　　　D. 联合成本

8. 差量分析法适用于（　　）方案的择优选择。

A. 收入型　　　　　　　　　　B. 成本型

C. 收益型　　　　　　　　　　D. 以上都不是

9. 通过比较各备选方案贡献毛益的大小来确定最优方案的分析方法，称为（　　）。

A. 差量分析法　　　　　　　　B. 概率分析法

C. 贡献毛益分析法　　　　　　D. 成本无差别点分析法

10. 在进行半成品是否进一步加工决策时，应对半成品在加工后增加的收入和（　　）进行分析研究。

A. 进一步加工前的变动成本　　B. 进一步加工追加的成本

C. 进一步加工前的全部成本　　D. 加工前后的全部成本

11. 当企业利用剩余生产能力选择生产新产品，而且每种新产品都没有专属成本时，应将（　　）作为选择标准。

A. 销量价格　　　　　　　　　B. 成本

C. 贡献毛益总额　　　　　　　D. 产销量

12. 在将增产任务分配给车间时，应以（　　）为标准选择车间。

A. 单位成本　　　　　　　　　B. 单位变动成本

C. 单位贡献毛益　　　　　　　D. 单位机器工时贡献毛益

13. 成本计划评审法网络图中的关键路线是所有加工线路中所需时间（　　）的加工线路。

A. 最短　　　　B. 最长　　　　C. 平均　　　　D. 任意

14. 安排赶工时，应先选择成本斜率（　　）的工作。

A. 低　　　　　B. 高　　　　　C. 平均　　　　D. 按先后顺序

15. 生产经营决策是指不涉及新的固定资产的投资，一般只涉及一年以内的有关经济活动，以下项目中不属于生产经营决策的有（　　）。

A. 在生产多种产品品种的情况下，如何实现产品的最优组合

B. 在自制零件需要投入一定专属固定成本的情况下，对自制和外购方案进行选择

C. 寻找最佳的产品定价

D. 对联产品进一步加工所需的新设备做出是否投资的决策

16. 给定产能不扩展的前提下，在进行产品增产决策时，对增产产品的选择以每一机器小时提供的贡献毛益的大小为依据，这是因为（　　）。

A. 各种产品的贡献毛益不同

B. 对于各种产品，每一机器小时生产出来的数量不同

C. 产品增产后总的效益取决于剩余生产能力的多少与各产品的贡献毛益大小

D. 各种产品的单位净收益不同

17. 假设某厂有剩余生产能力 1 000 机器小时，有甲、乙、丙、丁四种产品可以选择，单位贡献毛益分别为 4 元、6 元、8 元和 10 元，生产一件产品所需的机器小时分别为 4 小时、5 小时、6 小时和 7 小时，则该厂应增产的产品是（　　）。

A. 甲产品　　　　B. 乙产品　　　　C. 丙产品　　　　D. 丁产品

18. 有一企业同时生产甲、乙、丙三种产品，单位贡献毛益分别为 200 元、120 元和 130 元，三种产品的年利润分别为 5 000 元、5 200 元和 −800 元，企业有多种方案可供选择，其中最优的方案是（　　）。

A. 将亏损 800 元的丙产品停产

B. 停产丙产品，用其释放的生产能力生产贡献毛益总额较大且超过丙产品的产品

C. 继续生产丙产品

D. 停产丙产品，利用其释放的生产能力转而生产利润最高的乙产品

19. 在产销平衡的情况下，一个企业同时生产多种产品，其中一种单位贡献毛益为正的产品最终变为亏损产品的根本原因在于（　　）。

A. 该产品存在严重积压

B. 该产品总成本太高

C. 该产品分担的固定成本相对较高

D. 该产品销量太小

20. 某电子器件生产企业为满足客户追加订货的需要，增加了一些成本开支，其中（　　）是专属固定成本。

A. 为及时完成该批产品的生产购入一台新设备

B. 为及时完成该批追加订货支付职工的加班费

C. 生产该批产品机器设备增加的耗电量

D. 该厂为生产该批产品及以后的生产建造一间新的厂房

21. 设某厂需要甲零件，其外购单价为 10 元。若自行生产，单位变动成本为 6 元，且需要为此每年追加 10 000 元的固定成本，通过计算可知，当该零件的年需要量为（　　）件时，两种方案等效。

A. 2 500　　　　B. 3 000　　　　C. 2 000　　　　D. 1 800

22. 某厂生产需一种零件，其外购单价最高为 1.2 元，这一价格随采购数量的不同而变化：每增加 1 000 件，单价降低 0.1 元。若该零件自制能满足生产需要，不需追加固定成本，其单位成本为 1 元。设零件的数量在 0～5 000 件变动时，自制和外购方案的成本平衡点将是（　　）。

A. 不存在　　　　　　　　　　B. 2 000 件

C. 2 000～3 000 件　　　　　　D. 2 500 件

23. 某公司生产甲产品，进一步加工可以生产更高级别的乙产品。甲、乙两种产品在市场的售价分别是 50 元/千克、120 元/千克，但乙产品的生产每年需要追加固定成本 20 000 元，单位变动成本为 10 元。若每千克甲产品可加工 0.6 千克乙产品，则该公司应该（　　）。

    A. 进一步加工生产乙产品

    B. 当甲产品的年销售数量超过 1 250 千克（或乙产品的年销售数量超过 750 千克）时，甲产品应进一步加工成乙产品

    C. 将甲产品出售，不应进一步加工

    D. 两种方案任选其一

24. 在产品功能降低的情况下，成本降低的幅度（　　）功能降低的幅度，将会提高产品的价值。

    A. 小于　　　　　　B. 大于　　　　　　C. 等于　　　　　　D. 都不是

25. 功能成本评价中，应将目标成本按照（　　）进行分配。

    A. 成本系数　　　　　　　　　　B. 功能评价系数

    C. 价值系数　　　　　　　　　　D. 产销量

26. 功能成本评价的评分法是按产品或零部件的（　　）打分。

    A. 成本系数　　　　　　　　　　B. 价值评价系数

    C. 功能评价系数　　　　　　　　D. 功能重要程度

27. 作为降低成本主要目标的产品的价值系数应（　　）。

    A. 大于 1　　　　B. 等于 1　　　　C. 小于 1　　　　D. 接近于 1

28. 下列公式错误的有（　　）。

    A. 产品价格＝(单位产品目标成本＋单位预测利润)/(1－销售税率)

    B. 单位预测利润＝该产品预测利润总额/该产品预测销售量

    C. 产品价格＝单位产品目标成本/(1－销售税率)

    D. 销售利润率＝该产品预测利润总额/该产品预测销售收入

29. （　　）是指在一种设备上可以加工几种零部件时，以一种零部件的单位成本为基数（一般为1），将其他各种零部件的单位成本逐一与之相比而得到的系数（倍数）。

    A. 相关成本　　　　　　　　　　B. 机会成本

    C. 相对成本　　　　　　　　　　D. 专属成本

30. 与生产批量成正比，与生产批次成反比的是（　　）。

    A. 储存成本　　　　　　　　　　B. 相对成本

    C. 订货成本　　　　　　　　　　D. 生产准备成本

31. 与生产批量成反比，与生产批次成正比的是（　　）。

    A. 储存成本　　　　　　　　　　B. 相对成本

C. 单位变动成本　　　　　　　　　D. 生产准备成本

32. 在固定成本不变的情况下，下列（　　）情况应该采取外购的策略。

A. 自制单位变动成本＜外购价格

B. 自制单位变动成本＝外购价格

C. 自制单位变动成本＞外购价格

D. 自制单位产品成本＞外购价格

33. 某企业生产某种半成品 2 000 件，完成一定加工工序后，可以立即出售，也可以进一步加工之后再出售。如果立即出售，单价为 15 元，若加工后出售，单价为 24 元，但要多付加工费 9 500 元，则直接出售方案的相关成本为（　　）元。

A. 48 000　　　　　B. 30 000　　　　　C. 38 500　　　　　D. 0

四、多项选择题

第 5 章多项选择题
即测即评

1. 采用贡献毛益分析法进行决策分析时，必须以（　　）判断备选方案的优劣。

A. 贡献毛益总额

B. 单位人工工时贡献毛益

C. 单位贡献毛益

D. 单位机器工时贡献毛益

E. 贡献毛益率

2. 生产经营决策主要包括（　　）。

A. 生产组织决策　　　　　　　　　B. 产品价格决策

C. 销售决策　　　　　　　　　　　D. 战略决策

E. 战术决策

3. 当剩余生产能力无法转移时，亏损产品不应停产的条件有（　　）。

A. 该亏损产品的变动成本率大于 1

B. 该亏损产品的变动成本率小于 1

C. 该亏损产品的贡献毛益大于零

D. 该亏损产品的单位贡献毛益大于零

E. 该亏损产品的贡献毛益率大于零

4. 贡献毛益分析法适用于（　　）。

A. 收入成本型方案的择优决策

B. 企业的各种经营决策

C. 收益型方案的择优决策

D. 不需用的机器设备是出售还是出租

E. 出售半成品还是出售完工产品

5. 差量成本这一概念经常用于（　　）的决策。

A. 不同生产能力利用率下的成本差别

B. 接受追加订货

C. 零部件是外购还是自制

D. 某项不需用的设备是出租还是出售

E. 半成品直接出售还是加工为成品后再出售

6. 下列各项中属于生产经营决策的有（　　）。

A. 调价的决策　　　　　　　　　　B. 半成品进一步加工的决策

C. 最优售价的决策　　　　　　　　D. 生产工艺技术方案的决策

E. 亏损产品的决策

7. 在半成品进一步加工的决策中，差量成本的构成项目有（　　）。

A. 原有生产能力的维持成本

B. 新增专属固定成本

C. 原有生产能力对外出租收入

D. 半成品自制成本

E. 进一步加工的变动成本

8. 下列各项中属于生产经营的相关成本的有（　　）。

A. 增量成本　　　　　　　　　　　B. 机会成本

C. 不可避免成本　　　　　　　　　D. 沉没成本

E. 专属成本

9. 影响价格的基本因素包括（　　）。

A. 成本　　　　　　　　　　　　　B. 竞争

C. 需求　　　　　　　　　　　　　D. 相关工业产品的销售量

E. 产品的市场生命周期

10. 功能成本决策过程中，应选择（　　）作为分析对象。

A. 结构复杂、零部件多的产品　　　B. 投产期长的产品

C. 畅销产品　　　　　　　　　　　D. 零部件消耗量大的产品

E. 工艺复杂、工序繁多的产品

11. 围绕功能成本决策的分析对象，应收集的资料包括（　　）。

A. 产品的需求状况　　　　　　　　B. 产品的竞争状况

C. 产品设计、工艺加工状况　　　　D. 经济分析资料

E. 产品成本构成百分比情况

12. 在对亏损产品进行变动成本分析之后，可做出（　　）的选择。

A. 停产　　　　　　　　　　　　　B. 继续生产

C. 出让　　　　　　　　　　　　　D. 出租

E. 转产

13. 成本加成定价法可以利用（　　）来确定价格。

A. 计划成本　　　　　　　　　B. 成本利润率

C. 销售税率　　　　　　　　　D. 销售利润率

E. 实际成本

14. 非标准产品的定价方法包括（　　）。

A. 固定价格合同　　　　　　　B. 成本加成合同

C. 成本加固定费用合同　　　　D. 计划成本定价法

E. 奖励合同

15. 产品功能成本决策分为（　　）几个步骤。

A. 选择分析对象　　　　　　　B. 围绕分析对象收集各种资料

C. 功能评价　　　　　　　　　D. 试验与提案

E. 强制确定

16. 从产品生命周期图可知，产品生命周期可以分为（　　）。

A. 投入期　　　　　　　　　　B. 成长期

C. 成熟期　　　　　　　　　　D. 衰退期

E. 初始期

五、简答题

1. 如何根据价值系数选择成本控制目标？

2. 如何利用差量分析法进行决策？

3. 简述成本加成定价法、盈亏平衡法的优缺点。

4. 简述产品生命周期各阶段的划分及其相对应的价格策略。

六、计算题

1. 某制造厂有一种通用设备，可以生产 A 产品，也可以生产 B 产品，两种产品预期的销售数量、销售单价和单位变动成本如表 5-1 所示。

表 5-1　数据资料

项目	方案一（A产品）	方案二（B产品）
预期销售数量（件）	1 000	500
预期销售单价（元）	11	26
预期单位变动成本（元）	8	22

要求：利用差量分析法对该企业应该选用哪个备选方案较为有利进行决策。

2. 某企业现有设备生产能力是 30 000 个机器工时，其利用率为 80%，现准备利用剩余生产能力开发新产品 A、B 或 C，三种产品的资料如表 5-2 所示。

表 5 - 2　数据资料

项目	A 产品	B 产品	C 产品
单位产品定额工时（小时）	2	3	5
单位销售价格（元）	15	25	35
单位变动成本（元）	5	15	20

另外，在生产 C 产品时，需增加设备 2 000 元，假设三种产品市场销售不受限制。

要求：利用贡献毛益分析法进行决策。

3. 某汽车齿轮厂生产汽车齿轮，可用普通铣床、万能铣床或数控铣床进行加工，有关资料如表 5 - 3 所示。

表 5 - 3　数据资料　　　　　　　　　　　　　　单位：元

成本项目	普通铣床	万能铣床	数控铣床
变动成本	2.40	1.20	0.60
专属成本	90	180	360

要求：利用成本无差别点分析法进行加工方案决策。

4. 某企业有一闲置设备，既可用于甲产品的生产，又可用于出租。如果用于生产甲产品，其收入为 50 000 元，成本费用为 30 000 元；如果用于出租可获得租金收入 15 000 元。

要求：

（1）分别计算将设备用于生产和用于出租的机会成本。

（2）运用差量成本的概念帮助企业决策。

5. 某企业生产 A、B、C 三种产品，年度会计决算结果表明，A 产品盈利 75 000 元，B 产品盈利 19 000 元，C 产品亏损 60 000 元，其他有关资料如表 5 - 4 所示。

表 5 - 4　数据资料　　　　　　　　　　　　　　金额单位：元

项目	A 产品	B 产品	C 产品	合计
销售量（件）	1 000	1 200	1 800	
单位售价	900	700	500	
单位变动成本	700	580	450	
单位贡献毛益	200	120	50	
贡献毛益总额	200 000	144 000	90 000	434 000
固定成本	125 000	125 000	150 000	400 000
利润	75 000	19 000	−60 000	34 000

要求：分析 C 产品是否应停产。

6. 某厂生产 A 产品，下个年度需 18 000 个零件，如外购每个零件进价为 60 元。如利用车间生产能力进行生产，每个零件的直接材料费为 30 元，直接人工费为 20 元，变动制造费用为 8 元，固定制造费用为 6 元，合计 64 元。假设该车间的设备不接受自制任务，也不做其他安排。

要求：决策下个年度零件是自制还是外购。

7. 假定上题中自制零件方案需增添专用设备两台，每台价值 100 000 元，使用期限 5 年，假定没有残值，按直线法计提折旧，每年折旧为 40 000 元。

要求：根据这一变化，判断该厂零件是自制有利还是外购有利。

8. 某企业生产 A 产品，其中半成品原来对外销售，现根据生产能力和市场需要，计划将半成品进一步加工为成品对外销售，另外继续加工需向银行借款买设备，年折旧费用为 30 000 元，利息费用为 22 500 元，其他资料如表 5-5 所示。

表 5-5 数据资料

项目	半成品	成品
单价（元）	60	100
单位变动成本（元）	42	78
销售数量（件）	20 000	18 000

要求：对企业计划做出决策。

9. 某化工企业在生产过程中同时生产 A、B、C、D 四种新产品，其中，B 产品可以在分离后立即出售，也可以继续加工后出售。其他资料如下：产量 8 吨，分离后销售单价为 6 000 元，加工后销售单价为 10 000 元，联合成本为 2 000 元，可分成本为单位变动成本 5 000 元，固定成本 20 000 元。

要求：对 B 产品是否进一步加工做出决策。

10. 某企业计划生产 A 产品 3 600 件，每天可生产 40 件，产销平衡，每批调整准备成本为 200 元，每件产品储存成本为 5 元。

要求：试计算最优生产批量、批次以及最低年成本。

11. 某服装企业生产衬衫，有两种方式可供选择：采用人力缝纫机制造时单位变动成本为 52 元，专属固定成本为 20 000 元；采用电动缝纫机制造时单位变动成本为 46.33 元，专属固定成本为 50 000 元。

要求：

（1）计算成本无差别点。

（2）确定生产 20 000 件衬衫时的生产方式。

12. 某企业预计年生产 C 产品 10 000 件，工厂总成本为 450 000 元，其中，直接材料 280 000 元，直接人工 80 000 元，其他变动费用 40 000 元，固定费用 50 000 元，目标成本利润率为 40%。

要求：按成本加成定价法确定 C 产品价格，并确定生产 8 000 件、12 000 件时的价格。

13. 某企业只生产一种产品，全年最大生产能力为 1 200 件。年初已按 100 元/件的价格接受正常任务 1 000 件，该产品的单位完全生产成本为 80 元/件（其中，单位固定生产成本为 30 元）。现有一客户要求以 70 元/件的价格追加订货。

要求：请考虑以下互不相关的情况，用差量分析法帮助企业做出是否接受低价追加订货的决策，并说明理由。

（1）剩余能力无法转移，追加订货量为 200 件，不增加专属成本。

（2）剩余能力无法转移，追加订货量为 200 件，但因有特殊要求，企业需追加 1 000 元专属成本。

（3）同（1），但剩余能力可用于对外出租，可获租金收入 5 000 元。

（4）剩余能力无法转移，追加订货量为 300 件，因有特殊要求，企业需追加 1 000 元专属成本。

14. 某企业现有生产能力 40 000 机器工时，尚有 20% 的剩余生产能力，为充分利用生产能力，准备开发新产品，有甲、乙、丙三种新产品可供选择，资料如表 5-6 所示。

表 5-6　数据资料

项目	甲产品	乙产品	丙产品
预计售价（元）	100	60	30
预计单位变动成本（元）	50	30	12
单位定额机器工时（小时）	40	20	10

要求：

（1）根据以上资料做出开发哪种新产品的决策。

（2）如果丙产品的年市场需求量是 600 件，为充分利用生产能力又将如何安排生产？

练习题参考答案

一、名词解释

1. 产品功能成本决策，是将产品的功能（产品所担负的职能或所起的作用）与成本（为获得产品一定的功能必须支出的费用）进行对比，寻找降低产品成本途径的管理活动。其目的在于以最低的成本实现产品适当的、必要的功能，提升产品价值。

2. 价值系数，是产品功能与成本之比，即功能评价系数与成本系数的比值。

3. 贡献毛益分析法，是在成本性态分类的基础上，通过比较各备选方案贡献毛益的大小来确定最优方案的分析方法，适用于收入成本型（收益型）方案的择优决策。

4. 差量分析法，是指企业在进行不同方案的比较、选择的过程中，根据两个备选方案间的差量收入、差量成本计算的差量损益进行最优方案选择的方法。

5. 成本无差别点分析法，是一种利用成本无差别点确定不同方案的不同业务量优势区域，进行最优化方案选择的方法，适用于成本型方案的选择。

6. 成本无差别点，是不同方案所引起的增量成本相等时对应的业务量限度点，高于或低于该业务量时，不同方案就会具有不同的业务量优势区域。

7. 最优生产批量，是指年生产准备成本与年储存成本总和最低时的生产批量。

8. 相对成本，是指在一种设备上可以加工几种零部件时，以一种零部件的单位成本为基数（一般为 1），将其他各种零部件的单位成本逐一与之相比而得到的系数（倍数）。

9. 成本计划评审法，是将一项工程项目或生产项目分解为前后连接的若干工作（或作业），并预计各项工作（或作业）所需的正常时间、赶工时间以及对应的正常成本和赶工成本，以求在安排赶工中提高经济效益的方法。

10. 成本加成定价法，是以单位产品目标成本为基础，加上一定数额的利润来确定产品价格的方法。

二、判断题

1. ×	2. √	3. ×	4. ×
5. √	6. ×	7. √	8. √
9. √	10. ×	11. √	12. √
13. √	14. √	15. ×	16. √
17. ×	18. √	19. ×	20. √
21. ×	22. √	23. √	24. √
25. √	26. ×	27. √	28. ×
29. √	30. ×	31. √	32. ×
33. √	34. √	35. √	36. ×

三、单项选择题

1. B	2. C	3. C	4. B
5. A	6. D	7. C	8. C
9. C	10. B	11. C	12. B
13. B	14. A	15. D	16. C
17. D	18. B	19. C	20. A
21. A	22. C	23. B	24. B
25. B	26. D	27. C	28. C
29. C	30. A	31. D	32. C

33. D

四、多项选择题

1. ABD	2. AB	3. BCDE	4. AC
5. ABCDE	6. ABCDE	7. BE	8. ABE
9. ABCDE	10. ABCDE	11. ABCDE	12. ABCDE
13. ABD	14. ABCE	15. ABCD	16. ABCD

五、简答题

1. 如何根据价值系数选择成本控制目标？

答：如果价值系数等于1或接近于1，则说明零件的功能与成本基本相当，因而也就不是降低成本的主要目标；如果价值系数大于1，则说明零件的功能过剩或成本偏低，在该零件功能得到满足的情况下，已无进一步降低成本或减少过剩功能的必要；如果价值系数小于1，则说明与功能相比成本偏高，应作为降低成本的主要目标，进一步挖掘其提高功能、降低成本的潜力。

2. 如何利用差量分析法进行决策？

答：差量分析法是通过比较两个备选方案的差量损益来做决策的方法，具体做法是：

（1）计算两个备选方案预期收入之间的数量差异，即差量收入。

（2）计算两个备选方案预期成本之间的数量差异，即差量成本。

（3）计算两个备选方案差量收入与差量成本之间的数量差异，即差量损益，或直接比较两个方案的预期收益也可计算得出差量损益。

当差量损益大于零时，说明比较方案可取。

当差量损益小于零时，说明被比较方案可取。

3. 简述成本加成定价法、盈亏平衡法的优缺点。

答：（1）成本加成定价法的优点：预测企业成本比预测市场需求更有把握，因而可以减少因需求变动对价格的调整次数，可以保证生产耗费得到补偿。

成本加成定价法的缺点：很难适应市场需求的变化，导致定价过高或偏低；企业生产多种产品时，难以准确分摊间接费用，导致定价不准确。

（2）盈亏平衡法的优点：简便易行，能向企业提供可获必要利润的最低价格。

盈亏平衡法的缺点：由于销售量往往受价格影响，因而计算结果的准确性也受到一定的影响。

4. 简述产品生命周期各阶段的划分及其相对应的价格策略。

答：产品生命周期是指某种产品从投入市场开始直到退出市场为止的整个过程，一般划分为投入期、成长期、成熟期和衰退期四个阶段。产品投入期一般采用撇脂策略或渗透策略，成长期一般采用目标价格策略，成熟期则一般采用竞争价格策略，衰退期一般采用维持价格策略或变动成本价格策略。

六、计算题

1. 答：

$$B 产品与 A 产品的差量收入 = 26 \times 500 - 11 \times 1\,000 = 2\,000（元）$$
$$B 产品与 A 产品的差量成本 = 22 \times 500 - 8 \times 1\,000 = 3\,000（元）$$
$$B 产品与 A 产品的差量损益 = 2\,000 - 3\,000 = -1\,000（元）$$

计算结果说明生产 B 产品比生产 A 产品要损失 1 000 元，所以应选取方案一，即生产 A 产品。

2. 答：

$$该企业现有剩余工时 = 30\,000 \times 20\% = 6\,000（小时）$$

根据已知数据可得到表 5-7。

表 5-7   损益分析表

项目	生产 A 产品	生产 B 产品	生产 C 产品
最大产量（件）	6 000/2=3 000	6 000/3=2 000	6 000/5=1 200
单位销售价格（元）	15	25	35
单位变动成本（元）	5	15	20
单位贡献毛益（元）	10	10	15
贡献毛益总额（元）	30 000	20 000	18 000
专属成本（元）	—	—	2 000
剩余贡献毛益总额（元）	—	—	16 000
单位产品定额工时（小时）	2	3	5
单位工时贡献毛益（元）	5	3.33	2.67

从计算结果可知，生产 A 产品最有利。因为：首先，A 产品的贡献毛益总额为 30 000 元，比 B 产品多 10 000 元（30 000－20 000），比 C 产品的剩余贡献毛益总额多 14 000 元（30 000－16 000）。其次，A 产品的单位工时贡献毛益为 5 元，比 B 产品多 1.67 元（5－3.33），比 C 产品多 2.33 元（5－2.67）。可见，无论是从贡献毛益总额，还是从单位工时贡献毛益来看，都是生产 A 产品的方案最优。

3. 答：

设 x 为成本无差别点业务量；y_1、y_2、y_3 分别为普通铣床、万能铣床、数控铣床的加工成本，则

$$y_1 = 90 + 2.40x$$
$$y_2 = 180 + 1.20x$$
$$y_3 = 360 + 0.60x$$

（1）普通铣床与万能铣床的成本无差别点。

$$y_1 = y_2$$
$$90 + 2.40x = 180 + 1.20x$$
$$x_1 = 75（个）$$

（2）万能铣床与数控铣床的成本无差别点。

$$y_2 = y_3$$
$$180 + 1.20x = 360 + 0.60x$$
$$x_2 = 300（个）$$

（3）普通铣床与数控铣床的成本分界点。

$$y_1 = y_3$$
$$90 + 2.40x = 360 + 0.60x$$
$$x_3 = 150（个）$$

加工方案决策为：（1）当零件的批量小于75个时，采用普通铣床的加工成本较低；当零件批量在75～300个时，采用万能铣床的加工成本较低；当零件批量超过300个时，采用数控铣床加工成本较多。（2）当万能铣床不能生产时，加工批量在150个以内，采用普通铣床较好，当批量在150个以上时，则采用数控铣床加工成本较低。

4. 答：

（1）将设备用于生产的机会成本为15 000元；将设备用于出租的机会成本为20 000元（50 000－30 000）。

（2）生产与出租相比，差量收入为35 000元，差量成本为30 000元，差量收益为5 000元，因此，应选择将设备用于生产。

5. 答：

假设C产品停产，贡献毛益分析如表5-8所示。

表5-8　贡献毛益分析表　　　　　　　　　　单位：元

项目	A产品	B产品	合计
销售收入	900 000	840 000	1 740 000
变动成本	700 000	696 000	1 396 000
贡献毛益总额	200 000	144 000	344 000
固定成本	200 000	200 000	400 000
利润	0	－56 000	－56 000

可见，由于停产了C产品，结果使整个企业由盈利34 000元变成亏损56 000元。因为C产品虽然亏损，但仍有正的贡献毛益可以弥补部分固定成本，所以C

产品不应停产。

6. 答：

$$自制零件的成本＝18\,000×(30+20+8)＝1\,044\,000(元)$$
$$外购零件的成本＝18\,000×60＝1\,080\,000(元)$$
$$自制零件的差量收益＝1\,080\,000－1\,044\,000＝36\,000(元)$$

因此，应选择自制零件。

7. 答：

设 x 为成本无差别点业务量；y_1、y_2 分别为自制零件和外购零件的预期成本，则

$$y_1＝40\,000＋(30+20+8)x$$
$$y_2＝60x$$

当 $y_1＝y_2$ 时，$x＝20\,000$ 个。

因此，当 $x＝20\,000$ 时，$y_1＝y_2$，两个方案不分优劣。

当 $x<20\,000$ 时，$y_1>y_2$，外购方案较优。

当 $x>20\,000$ 时，$y_1<y_2$，自制方案较优。

8. 答：

$$差量收入＝18\,000×100－20\,000×60＝600\,000(元)$$
$$差量成本＝18\,000×78－20\,000×42＝564\,000(元)$$
$$新增固定费用＝30\,000＋22\,500＝52\,500(元)$$
$$差量损益＝600\,000－564\,000－52\,500＝－16\,500(元)$$

所以，应选择将半成品出售方案。

9. 答：

$$差量收入＝10\,000×8－6\,000×8＝32\,000(元)$$
$$差量成本＝5\,000×8＋20\,000＝60\,000(元)$$
$$差量损失＝60\,000－32\,000＝28\,000(元)$$

因此，B 产品分离后不应加工，而应立即出售比较有利。

10. 答：

$$最优生产批量＝\sqrt{\frac{2×3\,600×200}{5}}＝537(件)$$

$$最优生产批次＝\sqrt{\frac{3\,600×5}{2×200}}＝6.7(批)$$

$$最低年成本＝\sqrt{2×3\,600×200×5}＝2\,683(元)$$

11. 答：设 x 为成本无差别点业务量。

（1）$20\,000+52x=50\,000+46.33x$

$$x=5\,291(件)$$

成本无差别点为 5 291 件，生产数量小于 5 291 件时采用人力缝纫机生产衬衫成本低；反之，则应采用电动缝纫机生产衬衫。

（2）由于衬衫生产量为 20 000 件，大于 5 291 件，因此应采用电动缝纫机生产衬衫。

12. 答：

（1）生产 10 000 件时：

$$单价=\frac{450\,000\times(1+40\%)}{10\,000}=63(元)$$

$$单位变动成本=\frac{450\,000-50\,000}{10\,000}=40(元)$$

（2）生产 8 000 件时：

变动成本总额 $=8\,000\times40=320\,000(元)$

固定成本 $=50\,000(元)$

成本总额 $=320\,000+50\,000=370\,000(元)$

$$单价=\frac{370\,000\times(1+40\%)}{8\,000}=64.75(元)$$

（3）生产 12 000 件时：

变动成本总额 $=12\,000\times40=480\,000(元)$

固定成本 $=50\,000(元)$

成本总额 $=480\,000+50\,000=530\,000(元)$

$$单价=\frac{530\,000\times(1+40\%)}{12\,000}=61.83(元)$$

13. 答：

（1）单位变动成本 $=80-30=50(元)$

差量损益 $=(70-50)\times200=4\,000(元)$

因为单位变动成本小于订货价格，所以应接受订货。

（2）差量损益 $=4\,000-1\,000=3\,000(元)$

应接受订货。

（3）差量损益 $=4\,000-5\,000=-1\,000(元)$

应拒绝订货。

（4）差量损益 $=200\times(70-50)+100\times(70-100)-1\,000=0$

所以接受或拒绝订货均可。

14. 答：

（1）根据资料进行分析，如表 5-9 所示。

表 5-9　损益分析表

项目	甲产品	乙产品	丙产品
剩余生产能力（小时）	8 000	8 000	8 000
最大产量（件）	200	400	800
单价（元）	100	60	30
单位变动成本（元）	50	30	12
单位产品贡献毛益（元）	50	30	18
单位定额机器工时（小时）	40	20	10
单位机器工时贡献毛益（元）	50÷40＝1.25	30÷20＝1.5	18÷10＝1.8
贡献毛益总额（元）	1.25×8 000＝10 000	1.5×8 000＝12 000	1.8×8 000＝14 400

由表 5-9 可知，甲、乙两种产品提供的单位贡献毛益较多，但丙产品能提供的贡献毛益总额最多，为 14 400 元，所以，开发丙产品较为有利。

（2）如果丙产品的年市场需求量为 600 件，为充分利用生产能力，首先应安排丙产品 600 件的生产，这时仍剩余机器工时 2 000 小时（8 000－600×10）。由于甲产品单位机器工时提供的贡献毛益是 1.25 元，乙产品为 1.5 元，因而剩余的机时应全部安排乙产品的生产，可以生产乙产品 100 件（2 000÷20），这样才能使企业的贡献毛益最大，为 13 800 元（600×18＋100×30）。

教材习题解析

一、思考题

1. 价值系数等于功能评价系数除以成本系数，其中功能是使用价值指标，成本是价值指标，请问管理会计是如何解决功能评价的价值计量问题的？

答：（1）计算各个零部件的功能评价系数、按目前成本计算各个零部件的成本系数，并将二者相比计算各个零部件的价值系数；（2）将目标成本按价值系数进行分配，并确定目标成本分配额与目前成本的差异值；（3）将价值系数低、降低成本潜力大的分析对象作为重点分析对象。

2. 什么是亏损产品？亏损产品就要停产吗？为什么？

答：在企业生产经营中，某种产品发生亏损是经常遇到的问题。对亏损产品绝不能简单地将其予以停产，必须综合考虑企业各种产品的经营状况、生产能力的利用及有关因素的影响，在成本性态分类的基础上采用差量分析法进行计算后，做出停产、继续生产、转产或出租等最优决策。基本标准为：

（1）如果亏损产品能够提供贡献毛益，弥补一部分固定成本，除特殊情况（如存在更加有利可图的机会），一般不应停产。但如果亏损产品不能提供贡献毛益，通常应考虑停产。

（2）亏损产品能够提供贡献毛益，并不意味着该亏损产品一定要继续生产，如果存在更加有利可图的机会（如转产其他产品或将停止亏损产品生产而释放出的固定资产出租），能够使企业获得更多的贡献毛益，那么该亏损产品应停产。

（3）在生产、销售条件允许的情况下，大力发展能够提供贡献毛益的亏损产品，也会扭亏为盈，并使企业的利润大大增加。

（4）对不提供贡献毛益的亏损产品，不能不加区别地予以停产。首先，应在努力降低成本上做文章，以期转亏为盈；其次，应在市场允许的范围内通过适当提高售价来扭亏为盈；最后，应考虑企业的产品结构和社会效益的需要。

总之，亏损产品的决策涉及的因素很多，需要从不同角度设计方案并采用恰当的方法优选方案。

3. 贡献毛益分析法决策的本质是什么？运用贡献毛益分析法决策时应注意哪些问题？

答：贡献毛益分析法是在成本性态分类的基础上，通过比较各备选方案贡献毛益的大小来确定最优方案的分析方法。

运用贡献毛益分析法进行择优决策时的标准是贡献毛益总额较大的方案较优，贡献毛益总额大反映了备选方案对企业利润目标所做的贡献大。

在运用贡献毛益法进行备选方案的择优决策时，应注意以下几点：

（1）在不存在专属成本的情况下，可以通过比较不同备选方案的贡献毛益总额进行择优决策。

（2）在存在专属成本的情况下，首先应计算备选方案的剩余贡献毛益总额（贡献毛益总额减专属成本后的余额），然后通过比较不同备选方案的剩余贡献毛益（或贡献毛益）总额进行择优决策。

（3）在企业的某项资源（如原材料、人工工时、机器工时等）受限制的情况下，应通过计算、比较各备选方案的单位资源贡献毛益来进行择优决策。

（4）由于贡献毛益总额的大小既取决于产品单位贡献毛益的大小，也取决于产品的产销量，所以应该选择贡献毛益总额最大的产品。这是因为单位贡献毛益大的产品提供的贡献毛益总额未必也大，也就是说，在决策中不能只根据单位贡献毛益的大小来进行择优决策。

4. 差量分析法决策的本质是什么？运用差量分析法决策时应注意哪些问题？

答：差量分析法是指企业进行不同方案的比较、选择的过程，实质是选择最大收益方案的过程，最大收益方案是在各个备选方案收入、成本的比较中产生的。当两个备选方案具有不同的预期收入和预期成本时，根据这两个备选方案间的差量收入、差量成本计算的差量损益进行最优方案选择的方法。当差量损益确定后，就可以进行方案的选择：如果差量损益为正（即为差量收益），说明比较方案可取；如果差量损益为负（即为差量损失），说明被比较方案可取。

5. 成本无差别点分析法的运用方法及特点是什么？

答：成本无差别点分析法是指在各备选方案的相关收入均为零，相关的业务量为不确定因素时，通过判断处于不同水平上的业务量与成本无差别点业务量之间的关系，来做出互斥方案决策的一种方法。

此方法要求各方案的业务量单位必须相同，方案之间的相关固定成本水平与单位变动成本水平恰好相互矛盾（如第一个方案的相关固定成本大于第二个方案的相关固定成本，而第一个方案的单位变动成本又恰好小于第二个方案的单位变动成本），否则无法应用该方法。

成本无差别点业务量是指能使两个方案总成本相等的业务量，又叫成本分界点。其基本公式为：

$$成本无差别点业务量 = \frac{两方案相关固定成本之差}{两方案单位变动成本之差}$$

若令成本无差别点业务量为 x_0，A 方案固定成本为 a_1，单位变动成本为 b_1；B 方案固定成本为 a_2，单位变动成本为 b_2，且满足 $a_1 > a_2$，$b_1 < b_2$，则有

$$x_0 = \frac{a_1 - a_2}{b_2 - b_1}（因为 a_1 + b_1 \times x_0 = a_2 + b_2 \times x_0）$$

根据该法做出决策的判断标准是：

（1）若业务量大于成本无差别点 x_0，则固定成本较高的 A 方案优于 B 方案；

（2）若业务量小于成本无差别点 x_0，则固定成本较低的 B 方案优于 A 方案；

（3）若业务量恰好等于成本无差别点 x_0，则两个方案的成本相等，效益无差别。

成本无差别点分析法的特点：通常应用于业务量不确定的零部件取得方式的决策和生产工艺技术方案的决策。

6. 简述成本计划评审法的基本要点。

答：成本计划评审法的基本要点是：将一项工程项目或生产项目分解为前后连接的若干工作（或作业），并预计各项工作（或作业）所需的正常时间、赶工时间以及对应的正常成本和赶工成本，以求在安排赶工中提高经济效益。

为了使赶工能够获得经济效益，安排赶工时应遵循以下几条原则：

（1）应在关键路线上寻找需要赶工的工作（或作业），因为只有在关键路线上提前完工才能使整个项目提前完工。

（2）如果同时存在几条关键路线，应在这几条关键路线上同时安排赶工，并且提前同样长的时间。这是因为如果不同时在几条关键路线上赶工且时间不同，

则整个项目就不能提前完工，或提前的时间将由最短的赶工时间决定。

（3）安排赶工时，应优先安排成本斜率低的工作（或作业），后安排成本斜率较高的工作（或作业）。

（4）安排赶工的工作（或作业），其成本斜率原则上应低于提前完成整个项目一天的收益额。在特殊情况下（如赶工可以将人力、物力、财力转向其他更有利的工作），成本斜率可以等于提前完成整个项目一天的收益额。

7. 影响价格的基本因素有哪些？

答：一般来讲，影响价格的基本因素有以下几个。

（1）成本。成本是影响定价的最基本因素。从长期来看，产品价格应等于成本加上合理的利润，否则企业无利可图；从短期来看，企业应根据成本结构确定产品价格，即产品价格必须高于平均变动成本，以便掌握盈亏情况，减少经营风险。

（2）需求。市场需求是指在一定的价格水平下，产品销售可能达到的最高水平。市场需求既受该产品的功能特征和质量水平的影响，也受该产品价格的影响。一般来说，需求价格弹性大的商品，其价格的制定和调整受市场需求影响大；需求价格弹性小的商品，其价格的制定和调整受市场需求影响小。

（3）产品的市场生命周期。产品的市场生命周期包括四个阶段，即投入期、成长期、成熟期、衰退期。在不同的阶段，定价策略应有所不同。投入期的价格，既要补偿高成本，又要为市场所接受；成长期和成熟期是增加产品销量、扩大市场占有率的关键时机，要稳定价格以利于开拓市场；进入衰退期后，一般应采取降价措施，以充分挖掘老产品的经济效益。

（4）竞争。产品竞争的激烈程度不同，对定价的影响也不同。竞争越激烈，对价格的影响越大。在完全竞争的市场中，企业几乎没有定价的主动权；在不完全竞争的市场中，企业的定价权主要取决于产品制造的难易程度和供求形势。因此，企业必须充分了解竞争者的情况：主要竞争对手来自何方，主要竞争对手的实力如何，以及主要竞争者的定价策略如何。

（5）科学技术。科学发展和技术进步在生产中的推广和应用必将导致新产品、新工艺、新材料代替老产品、老工艺、旧材料，从而形成新的产业结构、消费结构和竞争结构。

（6）相关工业产品的销售量。某些行业产品的销售量往往取决于相关行业产品的销售量，如纺织业与服装业、轮胎业与汽车业、玻璃业与建筑业等，基本上是后者的销售决定前者的销售。因此，前者的销售价格可以根据后者的预测资料制定。

8. 如何根据产品生命周期不同阶段的特点进行价格决策？

答：产品生命周期一般可以分为投入期、成长期、成熟期和衰退期四个阶段。对于处于不同产品生命周期的产品，企业应当采取不同的价格策略予以调整和修正，从而保证销售目标的实现。

（1）投入期的价格策略。刚刚投入市场的新产品虽然具有一定的技术、经济优势，甚至独家生产经营，但由于结构和工艺尚未定型，质量不太稳定，消费者（或用户）对新产品缺乏了解和信任，因而销路有待打开。

为尽快打开局面，可采取以下价格策略：

1）撇脂策略。即在投入期以高价投放新产品，并辅以高促销手段，从而保证获得初期高额利润，以后随产品销路的扩大逐渐降价。采取该策略可以迅速收回投资，并为以后产品降价促销提供条件。但会引来竞争，并对及时打开销路产生影响。因此，只适用于市场上没有类似替代物，在短期内居垄断地位并容易开辟市场的新产品。

2）渗透策略。即在投入期以低价投放新产品，并辅以高促销手段，其目的在于尽快打开销路，夺取更大的市场份额。在有效占领市场后逐渐提高价格水平。该策略能有效地排斥竞争者，使企业长期占有市场，从而持久地获得利润。但由于定价水平低，企业投资回收速度慢。在产品市场规模大、竞争激烈、价格弹性大的情况下，采用渗透策略往往可以达到以廉取胜、薄利多销的目的。

（2）成长期的价格策略。产品经过投入期的试销和改进，技术日趋成熟，质量也基本稳定，逐渐形成销售高峰。在成长期内，由于广告宣传等促销作用，产品为消费者（或用户）所熟悉，并在竞争中占有较大优势，市场需求量扩大，利润开始迅速增长。

企业一方面应该努力稳定和适当提高产品的质量，扩大生产能力；另一方面应在保证市场供应，维持、扩大市场占有率的情况下，通过采取目标价格策略，修正预测值，确定最优价格。具体做法是使该阶段的目标利润率高于整个生命周期的平均利润率，这样可以使产品的成长期成为企业获利最多的时期。此外，企业采取降价促销的手段，在销售困难时期可以以多补少，使整个生命周期内的产品利润最大化。

（3）成熟期的价格策略。产品进入成熟期，随着大量竞争者进入市场，竞争日益激烈，市场需求量接近饱和，销售增长率逐渐下降。

为了延长产品的成熟期，提高产品的经济效益，企业一方面应该继续加强广告宣传和用户服务工作，在维系老用户的同时，努力开发新用户；另一方面则应努力加强内部管理，大幅降低产品成本，为今后采用竞争价格策略创造条件，维持原有的市场占有率。

竞争价格策略因竞争者的情况而异。对于竞争条件（如成本、质量、性能等）差的对手，可以采用低价倾销的方法，在价格政策允许的范围内挤走竞争者或趁机扩大己方市场占有率；对于竞争条件强的对手，可以采用"你提我也提，你降我也降"的办法，努力维持原有市场占有率；对于竞争条件相当的对手，为了避免竞争可能形成的两败俱伤的局面，可以采用非价格竞争的办法，即在维修、供应备品备件、代培人员等方面提供更优越的条件，以维持原有的市场占有率。

采用竞争价格策略，确定降价幅度时，必须注意以下三点：1）降价幅度必须考虑产品的价格弹性，凡价格弹性大的产品，降价幅度应该小些，价格弹性小的产品，降价幅度应该大些；2）降价幅度应能引起消费者（或用户）的注意，如果同时辅以各种宣传措施，效果将更好；3）降价幅度不能太大，必须保证产品盈利，并消除降价幅度过大形成的不良影响。

（4）衰退期的价格策略。新技术的出现预示着品质更优越、性能更卓著的新产品将替代市场上的老产品，于是原有产品进入衰退期。衰退期产品的特点是，由于消费者（或用户）转向购买新产品，原有产品销售增长率和利润急剧下降，甚至出现负增长的情况，市场需求逐渐缩小。

对处于衰退期的产品，企业应积极转移产品市场，努力在新地区开拓对该产品的需求，并开发新产品，创造新的需求。此外，企业还应配合不同的价格策略，充分发挥原有产品的创利潜力。

1）维持价格策略。即对该种产品不做较大幅度的降价，基本维持原有价格水平，以保持该产品在消费者心目中的地位。当然，也应辅之以其他手段，如数量折扣、金额折扣、馈赠礼品等，以尽量延长产品生命周期。

2）变动成本价格策略。即以单位变动成本作为最低价格，防止产品销售量减少，从而以该产品提供的贡献毛益（销售收入超过变动成本的部分）来弥补一部分固定成本，为整个企业盈利增加做出贡献。

二、练习题

1. 答：

（1）联合成本与决策无关，因此本题只考虑专属成本和单位变动成本。

为各方案建立方程式如下：

$$Y_A = 700 + 4X$$
$$Y_B = 500 + 6X$$
$$Y_C = 900 + 3X$$

建立联立方程组并求解：

$$700 + 4X_{AC} = 900 + 3X_{AC}$$
$$500 + 6X_{BC} = 900 + 3X_{BC}$$
$$700 + 4X_{AB} = 500 + 6X_{AB}$$

解方程得：

$$X_{AC}＝200（件）$$

$$X_{BC}＝133.33≈133（件）$$

$$X_{AB}＝100（件）$$

绘图并确定各方程式的交叉点及区间，如图 5-1 所示。

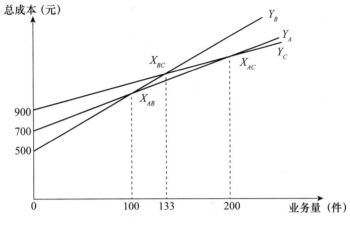

图 5-1   三种方案的成本图

从图 5-1 可以看出，整个产量区间分为 0～100 件、100～133 件、133～200 件、200 件以上四个区域，其中 0～100 件时 B 方案最优，100～200 件时 A 方案最优，200 件以上时 C 方案最优。

（2）如果预计生产甲产品 160 件，则 A 方案为最优方案。

2. 答：

根据资料进行分析，如表 5-10 所示。

表 5-10   损益分析表

项目	甲产品	乙产品	丙产品
剩余生产能力（小时）	64 000×20％＝12 800	12 800	12 800
最大产量（件）	12 800÷3.2＝4 000	2 667	2 000
单位销售价格（元）	30	40	50
单位变动成本（元）	7＋8＋5＝20	26	32
单位产品贡献毛益（元）	10	14	18
专属成本（元）			8 000
剩余贡献毛益总额（元）	10×4 000－0＝40 000	37 338	28 000
单位工时贡献毛益（元）	40 000÷12 800＝3.13	2.92	2.19

由表 5-10 可知，乙、丙两种产品提供的单位贡献毛益较多，但甲产品提供的剩余贡献毛益总额最多，为 40 000 元，所以，开发甲产品较为有利。

3. 答：

（1）接受订货的边际贡献＝（320－300）×24 000－100 000＝380 000（元）

（2）接受订货的边际贡献＝（320－300）×24 000－250 000＝230 000（元）

（3）接受订货的边际贡献＝（320－300）×26 000－（650－300）×2 000

$$=-180\,000（元）$$

所以，在第（1）、（2）种情况下接受订货，在第（3）种情况下拒绝订货。

4. 答：

（1）因为订单报价 170 元/台＞单位变动成本 140 元/台，所以，可以接受追加订货。

（2）根据已知资料，编制相关损益分析表，如表 5-11 所示。

表 5-11　损益分析表

单位：元

项目	接受追加订货	拒绝追加订货
相关收入	170×500＝85 000	0
相关成本合计	88 000	
变动成本	140×200＝28 000	
机会成本	200×300＝60 000	
相关损益	－3 000	0

因为拒绝追加订货方案的相关损益最大，所以，应拒绝追加订货。

（3）根据已知资料，编制相关损益分析表，如表 5-12 所示。

表 5-12　损益分析表

单位：元

项目	接受追加订货	拒绝追加订货
相关收入	170×500＝85 000	0
相关成本合计	77 000	
变动成本	140×500＝70 000	
专属成本	2 000	
机会成本	5 000	
相关损益	＋8 000	0

因为接受追加订货方案的相关损益最大，所以，应接受追加订货。

（4）根据已知资料，编制相关损益分析表，如表 5-13 所示。

表 5-13　损益分析表

单位：元

项目	接受追加订货	拒绝追加订货
相关收入	170×500＝85 000	0
相关成本合计	83 000	
变动成本	140×400＝56 000	

续表

项目	接受追加订货	拒绝追加订货
专属成本	3 000	
机会成本	24 000	
其中：		
冲减正常任务收入	200×100＝20 000	
承揽零星加工业务	4 000	
相关损益	＋2 000	0

因为接受追加订货方案的相关损益最大，所以应接受追加订货。

5. 答：

（1）单位变动间接费用＝(15×10 000－125 000)÷10 000＝2.5(美元)

　　自制增量成本＝10 000×(35＋30＋2.5)＝675 000(美元)

　　外购增量成本＝10 000×[10.5＋30×(1－20％)＋(35＋2.5)

　　　　　　　　　　×(1－10％)]

　　　　　　　　＝682 500(美元)

因此，明尼唐公司应当自制绳边。

（2）10 000×[绳边的最高价格＋30×(1－20％)＋(35＋2.5)×(1－10％)]

　　＝675 000

　　最高价格＝9.75(美元/副)

即明尼唐公司可承受的绳边最高购买价格为 9.75 美元/副。

（3）自制增量成本＝12 500×(35＋30＋2.5)＋10 000＝853 750(美元)

　　外购增量成本＝12 500×[10.5＋30×(1－20％)＋(35＋2.5)

　　　　　　　　　　×(1－10％)]

　　　　　　　　＝853 125(美元)

因此，此时明尼唐公司应当外购绳边。

（4）剩余生产能力是否可以转移，外购时剩余设备是否能取得租金收入等因素都能影响明尼唐公司对自制或外购绳边的选择。

C 第6章
Chapter 6 存货决策

学习目标

1. 了解存货决策需要考虑的成本因素并掌握不同成本与决策的相关性。

2. 掌握经济订货批量模型及其应用。

3. 在了解有关因素影响的基础上，掌握经济订货批量模型的扩展，以解决不同状况下的存货决策问题。

4. 了解适时制对存货规划及存货周转期的影响，掌握存货周转期控制的路径和方法。

学习指导

一、学习重点

1. 了解存货的功能，端正存货规划的目的（并不在于简单减少存货、降低存货成本，而是在满足生产经营需要的同时减少存货、降低存货成本）。

2. 了解存货决策相关的成本概念、成本构成及其与存货决策的关系，熟练掌握经济订货批量的基本模型及其扩展应用。

3. 了解环境因素变化对存货规划的影响，并从内外两个方面寻找加速存货周转、缩短存货周转期的路径和方法。

二、学习难点

1. 在实际工作中，存货相关成本数据的分离、确认与计量。

2. 经济订货批量基本模型扩展应用中的特定概念及其应用。

3. 在了解技术发展影响（如适时制生产）的基础上，从战略、企业间的关系、业务流程和管理流程等方面解决存货规划和控制问题。

练习题

一、名词解释

1. 存货
2. 采购成本
3. 订货成本
4. 储存成本
5. 安全库存量
6. 经济订货批量
7. 安全库存量的储存成本
8. 库存耗竭成本
9. 再订货点
10. 适时制生产
11. 零存货管理
12. 存货周转期

二、判断题

1. 缺货成本大多属于机会成本，由于单位缺货成本计算困难，因此在进行决策时，不用估算单位缺货成本。（　　）

第 6 章判断题
即测即评

2. 接货人员的工资及仓库租金不随购入量、储存量或订单数的变动而变动，属于固定订货成本或固定储存成本，与决策无关。（　　）

3. 在有数量折扣的决策中，订货成本、储存成本是订货批量决策的相关成本，而采购成本则与决策无关。（　　）

4. 安全库存量的上限实际是按照交货期最长和每日耗用量最大这两种不正常现象同时发生为基础计算的。（　　）

5. 一般来讲，当库存存货量降到采购间隔期的耗用量加上安全库存量的总和时，就应再次订购货物。（　　）

6. 装卸费用既是随购入数量变动的成本项目，又是发出一次订单而发生的成本。（　　）

7. 运输费用随存货数量变动而变动。（　　）

8. 购买者可以利用数量折扣，取得较低的商品价格、较低的运输费用、较低的年订货成本，使得从大批量订购中得到的节约部分可能超过抵偿增支的储存成本。（　　）

9. 库存耗竭成本是一项储存成本。（　　）

10. 为采购存货而发生的借款利息属于无关成本。（　　）

11. 仓库保管人员的工资与储存成本相关。（　　）

12. 在某种存货全年需求量已定的情况下，降低订货批量，必然增加订货批次。（　　）

13. 当储存量含有约束性因素时，可通过租用新的库房、建造新的仓库等来增加储存量，以达到最佳储存量的要求。　　　　　　　　　　（　　）

14. 安全库存量的储存成本等于安全库存量乘以存货的单位储存成本。

（　　）

15. 在允许缺货的情况下，缺货成本是与决策无关的成本。　（　　）

16. 适时制生产的目的是消灭存货，以达到成本最低。　　　（　　）

17. 所有存货的采购成本都是与决策无关的成本。　　　　　（　　）

18. 经济订货批量的确定与再订货点无关。　　　　　　　　（　　）

19. 宁可让员工闲着，也不要让他们生产出超出限额的存货，是推动式生产模式的要求。　　　　　　　　　　　　　　　　　　　　　（　　）

20. 从零存货管理的要求看，管理在于暴露问题，而不是掩盖问题。（　　）

三、单项选择题

第 6 章单项选择题
即测即评

1. 下列各项中与再订货点无关的是（　　）。

A. 经济订货批量　　　　B. 日耗用量

C. 交货日数　　　　　　D. 安全库存量

2. 下列各项中与经济订货批量无关的是（　　）。

A. 日耗用量　　　　　　B. 日供应量

C. 储存变动成本　　　　D. 订货提前期

3. 下列各项中不属于订货成本的是（　　）。

A. 采购部门的折旧费　　　　B. 检验费

C. 按存货价值计算的保险费　　D. 差旅费

4. 某公司使用 A 材料，一次订货成本为 2 000 元，单位成本为 50 元，经济订货批量为 2 000 个，资本成本率为 10%，全年用量为 8 000 个。该材料单位储存成本中的付现成本是（　　）元。

A. 8　　　　　　B. 3　　　　　　C. 4　　　　　　D. 2

5. 数量折扣被视为机会成本时是指放弃可获得的最大订货量折扣而形成的机会成本，等于（　　）。

A. 最大订货量折扣

B. 该公司拟选订货政策的折扣

C. 最大订货量折扣与该公司拟选订货政策的折扣之间的差额

D. 最大订货量折扣与该公司拟选订货政策的折扣之和

6. 某公司需用 A 零件，每件 60 元，供应商为扩大销售规模，订购 0～1 999 件时，每件折扣为 1 元，订购 2 000 件以上时，每件折扣为 2 元。订购 1 800 件时，每件折扣净额是（　　）元。

A. 59　　　　　　B. 58　　　　　　C. 60　　　　　　D. 57

7. 某种商品的再订货点为 680 件，安全库存量为 200 件，采购间隔日数为 12 天，假设每年有 300 个工作日，则年度耗用量是（　　）件。

    A. 11 000　　　　　B. 10 000　　　　　C. 12 000　　　　　D. 13 000

8. 下列各项中不属于储存成本的是（　　）。

    A. 企业自设仓库的水电费

    B. 按存货价值计算的保险费

    C. 陈旧报废损失

    D. 采购人员的检验费

9. 由于存货数量不能及时满足生产和销售的需要而给企业带来的损失称为（　　）。

    A. 储存成本　　　　　　　　　　B. 缺货成本

    C. 采购成本　　　　　　　　　　D. 订货成本

10. 储存成本中，凡总额大小取决于存货数量的多少及储存时间长短的成本，称为（　　）。

    A. 固定储存成本　　　　　　　　B. 无关成本

    C. 变动储存成本　　　　　　　　D. 资本成本

11. 首先从产品装配出发，每道工序和每个车间按照当时的需要向前一道工序和车间提出要求，发出工作指令，前面的工序和车间完全按这些指令进行生产的方式称为（　　）。

    A. 推动式生产系统　　　　　　　B. 拉动式生产系统

    C. 预算工时　　　　　　　　　　D. 实际工时

12. 为避免由于延迟到货、生产速度加快及其他情况的发生，而将满足生产、销售需要的存货量称为（　　）。

    A. 安全库存　　　　　　　　　　B. 营运库存

    C. 超额库存　　　　　　　　　　D. 经营库存

13. 下列成本中属于决策无关成本的是（　　）。

    A. 订货成本　　　　　　　　　　B. 固定订货成本

    C. 变动订货成本　　　　　　　　D. 变动储存成本

14. 在卖方市场环境中，市场结构性矛盾是生产不出来，企业应该采用（　　）生产模式。

    A. 拉动式　　　　　　　　　　　B. 推动式

    C. 计划型　　　　　　　　　　　D. 定额型

15. 零存货要求（　　）。

    A. 采购环节的存货为零　　　　　B. 按需要保持相应的存货

    C. 销售环节的存货为零　　　　　D. 生产环节的存货为零

第6章多项选择题
即测即评

四、多项选择题

1. 存货对制造企业等大部分企业来说是必需的，因为（　　）。

A. 保证企业不间断的生产对原材料等的需要，应有一定的储存量

B. 满足产品销售批量化、经常化的需要，应有足够的半成品、产成品储存量

C. 保证企业均衡生产并降低生产成本，应有一定的储存量

D. 避免或减少经营中可能出现的失误和意外事故对企业造成的损失，应有一定的储存量

E. 零购物资价格较高，整批购买价格有优惠，出于价格考虑，应有一定的储存量

2. 企业为控制存货缺货成本，采取的方法主要有（　　）。

A. 提前订货　　　　　　　　　B. 按经济订货量采购

C. 设置安全库存　　　　　　　D. 供应与耗用保持一致

E. 增加每日送达存货的数量

3. 计算经济订货批量时，不需用（　　）项目。

A. 存货全年需要量　　　　　　B. 储存成本率

C. 单位存货年储存成本　　　　D. 平均储存量

E. 每次订货成本

4. 下列各项中属于缺货成本的有（　　）。

A. 停工期间的固定成本　　　　B. 因停工待料而发生的损失

C. 无法按期交货而支付的罚款　D. 停工期间的人员工资

E. 因采取应急措施补足存货而发生的超额费用

5. 在为存货模型选择数据时，应观察所掌握的每一项成本是否随（　　）的变化而变化。

A. 缺货的数量　　　　　　　　B. 存货的数量

C. 购入的数量　　　　　　　　D. 一年内发出的订单数

E. 全年需要量

6. 库存耗竭的发生，会导致（　　）。

A. 专程派人采购材料　　　　　B. 停产等待新的材料运达

C. 失去顾客　　　　　　　　　D. 经济损失

E. 增加平时储存量

7. 库存耗竭成本包括（　　）。

A. 备选供应来源的成本　　　　B. 失去顾客的成本

C. 失去商业信誉的成本　　　　D. 库存耗竭期内停产的成本

E. 缺货成本

8. 某企业年需要 A 材料 20 000 千克，每千克 1 000 元，一次订货成本 40 元，年储存成本率 1%，则其经济订货批量、经济订货批次分别为（　　）。

 A. 经济订货批量为 400 千克   B. 经济订货批量为 40 000 千克

 C. 经济订货批次为 50 次   D. 经济订货批次为 6 次

 E. 经济订货批量为 4 000 千克，经济订货批次为 5 次

9. 订货成本、储存成本中的固定部分和变动部分，可依据历史成本资料，采用（　　）进行分解。

 A. 高低点法   B. 散布图法

 C. 最小二乘法   D. 约当产量法

 E. 因素分析法

10. 存货过多，会导致（　　）。

 A. 占用大量的流动资金   B. 增加仓库设施，扩大仓库容量

 C. 增加管理费用，提高产品成本 D. 易形成自然损耗

 E. 增加储存成本

11. 安全库存量的确定方法主要有（　　）。

 A. 经验法   B. 作业成本法

 C. 成本法   D. 不连续的概率法

 E. 差量分析法

12. 在存货决策中，通常需要考虑的成本有（　　）。

 A. 采购成本   B. 订货成本

 C. 储存成本   D. 缺货成本

 E. 沉没成本

13. 在有数量折扣的情况下，属于经济订货批量决策中的相关成本的有（　　）。

 A. 订货成本   B. 储存成本

 C. 采购成本   D. 缺货成本

 E. 生产成本

14. 缩减生产准备时间的关键在于提高生产系统的柔性，基本途径是（　　）。

 A. 改变劳动工具   B. 改变劳动对象

 C. 更换劳动者   D. 改变产品品种

 E. 改变劳动场所

15. 从材料投入生产至产成品完工所需的全部时间称为生产周期，由（　　）构成。

 A. 生产准备时间   B. 加工时间

 C. 搬运时间   D. 等候时间

 E. 检验时间

五、简答题

1. 简述在存货决策中需要考虑哪几项成本。

2. 你认为在经济订货批量决策中应该注意的问题是什么？

3. 在储存量受限制的情况下，如何才能做出正确的决策？

4. 如何进行存货周转期控制？

六、计算题

1. 某公司的会计资料如下：

购买价格	每单位	5元
外部运费	每单位	0.5元
电话订货费		50元
装卸费	每单位	0.5元
存货保险	每年按存货价值的10%计算	
内部运费（材料运到公司的自营费用）		200元
仓储人员的月工资		600元
仓库租金	每月	1 000元
仓储年平均损失	每单位	1.1元
资本成本	每年	15%
每月处理的订单份数		500份

上述数据中，有的与决策相关，有的与决策无关，该材料年需求总量为5 000单位。

要求：计算每次订货成本、单位材料年储存成本、经济订货批量、年最低成本合计。

2. 某厂每年使用A材料8 000千克，该材料储存成本中付现成本为每千克4元，每单位成本为60元，该厂的资本成本率为20%，每批订货成本为1 000元。

要求：计算其经济订货批量、经济订货批次和年最低成本合计。

3. 某企业生产甲产品，全年需要A材料20 000千克，每日送货量100千克，每日消耗量90千克，每次订货成本200元，每千克A材料年储存成本为5元。

要求：计算其经济订货批量和年成本合计。

4. 某企业全年需用A零件2 400件，每件零件每年储存成本为0.6元，每次订货成本为55元。供应商规定，每次订货量不足800件时，单价为50元；每次订货量达到800件时，可获得3%的价格优惠。

要求：对是否应考虑按数量折扣购买做出决策。

5. 某公司全年需用A零件30 000件，每次订货成本为1 000元，每件零件每年储存成本为6元，零售价为每件60元，资本成本率为15%。供应商为扩大销售，现规定数量折扣如表6-1所示。

表 6-1　数据资料

订购单位数（件）	折扣（元/件）
0~1 999	无折扣
2 000~4 999	1.00
5 000~9 999	1.50
10 000 以上	2.50

要求：

（1）计算不考虑数量折扣时的经济订货批量。

（2）计算最佳订货量。

6. 某公司每年需要 A 材料 250 000 千克，每次订货成本为 1 080 元，每千克材料年储存成本为 0.6 元。该公司目前仓库最大储存量为 25 000 千克。考虑到业务发展需要，已与其他单位达成意向租用一间可储存 20 000 千克 A 材料的仓库，年租金约为 3 500 元。

要求：进行最优储存的决策。

7. 某种产品的安全库存量为 500 件，采购间隔期为 10 天，年度耗用总量为 12 000 件，假设每年有 300 个工作日。

要求：计算该商品的再订货点。

练习题参考答案

一、名词解释

1. 存货，是指企业为销售和耗用而储存的各种资产。制造企业的存货通常包括原材料、在产品、产成品、委托加工材料、包装物、低值易耗品等，商业企业的存货主要是待售商品。

2. 采购成本，是指由购买存货而发生的成本（购买价格或发票价格）和运杂费用（运输费用和装卸费用等）构成的成本，其总额取决于采购数量和单位采购成本。

3. 订货成本，是指为订购存货而发生的各种成本，包括采购人员的工资、采购部门的一般性费用（如办公费、水电费、折旧费、取暖费等）和采购业务费用（如差旅费、邮电费、检验费等）。订货成本可以分为固定订货成本和变动订货成本。

4. 储存成本，是指为储存存货而发生的各种费用，包括支付给储运公司的仓储费、按存货价值计算的保险费、陈旧报废损失、年度检查费用以及企业自设仓库发生的水电费、库管人员工资等付现成本，以及存货占用资金而形成的机会成本和为购置存货而发生的银行借款利息。

5. 安全库存量，是指为避免延迟到货、生产速度加快及其他情况发生，满足生产、销售需要的存货量。

6. 经济订货批量，是指使存货的年订货成本和年储存成本合计数最低时的订货批量。

7. 安全库存量的储存成本，等于安全库存量乘以存货的单位储存成本。

8. 库存耗竭成本，通常指备选供应来源的成本、失去顾客或商业信誉的成本、库存耗竭期内停产的成本等。库存耗竭成本作为年度预期值，等于某项库存耗竭成本乘以每年安排的订购次数乘以一次订购的库存耗竭概率。

9. 再订货点，是指为了保证生产和销售活动的连续性，企业应在存货用完或售完之前再一次订货，订购下一批货物的存货存量。

10. 适时制生产，即企业的产品按顾客要求的时间交货，原材料或部件按生产需要的时间送达，从而产生的适应时间要求的敏捷制造。

11. 零存货管理，是指企业按需要引入存货，并努力减少存货、降低存货成本，最终目的是消灭存货，以达到总成本最低的管理模式。

12. 存货周转期，是指存货周转一次所需要的时间，具体是指购买存货、支付货款开始到把存货卖出、形成应收账款为止的整个期间。

二、判断题

1. ×	2. √	3. ×	4. √
5. √	6. √	7. ×	8. √
9. ×	10. ×	11. √	12. √
13. √	14. √	15. ×	16. √
17. ×	18. √	19. ×	20. √

三、单项选择题

1. A	2. D	3. C	4. B
5. C	6. A	7. C	8. D
9. B	10. C	11. B	12. A
13. B	14. B	15. B	

四、多项选择题

1. ABCDE	2. AC	3. BD	4. ABCE
5. BCD	6. ABCD	7. ABCD	8. AC
9. ABC	10. ABCDE	11. AD	12. ABCD
13. ABC	14. AB	15. ABCDE	

五、简答题

1. 简述在存货决策中需要考虑哪几项成本。

答：在存货决策中，需要考虑的成本主要包括以下几项。

（1）采购成本，是指由购买存货而发生的成本（购买价格或发票价格）和运杂费用（运输费用和装卸费用等）构成的成本，其总额取决于采购数量和单位采购成本。

在采购批量决策中，存货的采购成本通常属于无关成本，但当供应商为扩大销售而采用数量折扣等优惠方法时，采购成本就成为与决策相关的成本。

（2）订货成本，是指为订购存货而发生的各种成本，包括采购人员的工资、采购部门的一般性费用（如办公费、水电费、折旧费、取暖费等）和采购业务费用（如差旅费、邮电费、检验费等）。订货成本可以分为固定订货成本和变动订货成本。

（3）储存成本，是指为储存存货而发生的各种费用，包括支付给储运公司的仓储费、按存货价值计算的保险费、陈旧报废损失、年度检查费用以及企业自设仓库发生的水电费、库管人员工资等付现成本，以及存货占用资金而形成的机会成本和为购置存货而发生的银行借款利息。储存成本可分为固定储存成本和变动储存成本。

（4）缺货成本，是指由于存货数量不能及时满足生产和销售的需要而给企业带来的损失。如因停工待料而发生的损失等，缺货成本大多属于机会成本。

2. 你认为在经济订货批量决策中应该注意的问题是什么？

答：在经济订货批量决策中，关键是选择并确定与决策相关的成本。在为存货模型选择数据时，应观察所掌握的每一项成本是否随下列项目的变化而变化：（1）存货的数量；（2）购入的数量；（3）一年内发出的订单数。

3. 在储存量受限制的情况下，如何才能做出正确的决策？

答：在储存量受限制的情况下，企业可以通过某些方法（如租用新的库房、建造新的仓库等）来增加储存量，以达到最佳储存量（经济订货批量）的要求。但是企业还必须考虑以下两项成本以做出正确决策：第一，由于增加储存量而增加的成本，如仓库的租金或建造费用；第二，由于增加储存量而节约的储存成本与订货成本。

4. 如何进行存货周转期控制？

答：所谓存货周转期，是指存货周转一次所需要的时间，具体是指购买存货、支付货款开始到把存货卖出、形成应收账款为止的整个期间。存货周转经过采购、生产、销售三个阶段，因此，缩短存货周转期的任务主要由采购部门、生产部门和销售部门负责。

（1）采购周期的控制。企业和供货商之间应建立一种全新的利益伙伴关系，建立这种关系的原则为：1）在原材料采购上，只与有限数量、比较了解的供应商发展长期合作关系；2）在选择供货商时既要考虑供货的价格，也要考虑服务的质量（即供应商能否在企业临时提出需求时快速交货）和原材料质量；3）在大数据和互联网＋的支持下，企业可以建立生产单元（如项目、车间）直接向经批准的供应商订购生产所需原材料；4）供货商将原材料直接送至生产单元（如项目、车间），在经过必要的整理（如配料、下料）后直接投入生产。

（2）生产周期的控制。企业的产品要按顾客要求的时间交货，原材料或部件按生产需要的时间送达，进行适时制生产。1）根据市场供求状况，采用拉动式生产或推动式生产。在卖方市场环境中，企业应采用推动式生产模式，通过提高生产效率、扩大生产规模来满足市场需求。在买方市场环境中，企业应采用拉动式生产模式，通过以销定产、控制规模，在满足市场需求的情况下提高效益。2）减少不增加价值的活动，缩短生产周期。从材料投入至产品完工经历了生产准备、加工、搬运、等候和检验等阶段，而只有加工阶段的活动才增加产品价值，其他阶段的活动都不增加产品价值，理论上应该将其他阶段的活动的时间压缩到最低水平。

（3）销售周期的控制。客户订单是整个企业生产的原始动力和指令。企业收到客户订单，就要按照交货的时间，开始最后一道工序生产的规划，并使生产向前道工序展开，直至原材料和零部件的采购环节。因此，企业销售部门必须了解市场，了解客户，形成顾客忠诚度和黏性。

六、计算题

1. 答：

随存货数量变动的成本项目有：

存货保险	0.5 元
仓储年平均损失	1.1 元
合计	1.6 元

随购入数量变动的成本项目有：

购买价格	5 元
外部运费	0.5 元
装卸费	0.5 元
合计	6 元

发出一次订单而发生的成本有：

电话订货费	50 元
内部运费	200 元
合计	250 元

每次订货成本 $=50+200=250$（元）

单位材料年储存成本 $=0.5+1.1+6\times15\%=2.5$（元）

经济订货批量 $=\sqrt{\dfrac{2\times5\,000\times250}{2.5}}=1\,000$（单位）

年最低成本合计 $=\sqrt{2\times5\,000\times250\times2.5}=2\,500(元)$

2. 答：

单位储存成本 $=4+60\times20\%=16(元)$

经济订货批量 $=\sqrt{\dfrac{2\times8\,000\times1\,000}{16}}=1\,000(千克)$

经济订货批次 $=\sqrt{\dfrac{8\,000\times16}{2\times1\,000}}=8(次)$

年最低成本合计 $=\sqrt{2\times8\,000\times1\,000\times16}=16\,000(元)$

3. 答：

经济订货批量 $=\sqrt{\dfrac{2\times20\,000\times200}{5\times(1-90/100)}}=4\,000(千克)$

上述计算结果表明，在材料陆续到达、陆续耗用的条件下，其经济订货批量为 4 000 千克，此时

$$年成本合计 =\sqrt{2\times20\,000\times200\times5\times\left(1-\dfrac{90}{100}\right)}=2\,000(元)$$

4. 答：

(1) 没有数量折扣时的经济订货批量。

经济订货批量 $=\sqrt{\dfrac{2\times2\,400\times55}{0.6}}\approx663(件)$

(2) 不考虑数量折扣时的年成本合计。

由于 A 零件全年需要量为 2 400 件，而经济订货批量为 663 件，经济订货批次为 3.6 次。实际工作中，按就近原则安排，确定订货批次为 4 次，每次采购数量为 600 件。于是

采购成本 $=2\,400\times50=120\,000(元)$
订货成本 $=(2\,400/600)\times55=220(元)$
储存成本 $=(600/2)\times0.6=180(元)$
年成本合计 $=120\,000+220+180=120\,400(元)$

(3) 考虑数量折扣时的年成本合计。

采购成本 $=2\,400\times50\times(1-3\%)=116\,400(元)$
订货成本 $=(2\,400/800)\times55=165(元)$
储存成本 $=(800/2)\times0.6=240(元)$
年成本合计 $=116\,400+165+240=116\,805(元)$

比较（2）和（3）的结果可知，接受数量折扣可使存货成本降低3595元（120 400－116 805），因此应选择接受数量折扣的方案。

5. 答：

（1）不考虑数量折扣时的经济订货批量。

$$经济订货批量 = \sqrt{\frac{2 \times 30\,000 \times 1\,000}{6 + 60 \times 15\%}} = 2\,000（件）$$

可见，没有数量折扣时，该公司最佳订货批量为2 000件，或是折扣区间的临界值5 000件、10 000件。

（2）不同订货量下的年成本合计的计算如下：

1）订货量为2 000件时的年成本合计（59元为该水平的折扣净额）。

订货成本＝（30 000/2 000）×1 000＝15 000（元）

储存成本＝（2 000/2）×（6＋59×15%）＝14 850（元）

放弃折扣＝30 000×（2.5－1）＝45 000（元）

年成本合计＝15 000＋14 850＋45 000＝74 850（元）

2）订货量为5 000件时的年成本合计（58.5元为该水平的折扣净额）。

订货成本＝（30 000/5 000）×1 000＝6 000（元）

储存成本＝（5 000/2）×（6＋58.5×15%）＝36 937.5（元）

放弃折扣＝30 000×（2.5－1.5）＝30 000（元）

年成本合计＝6 000＋36 937.5＋30 000＝72 937.5（元）

3）订货量为10 000件时的年成本合计（57.5元为该水平的折扣净额）。

订货成本＝（30 000/10 000）×1 000＝3 000（元）

储存成本＝（10 000/2）×（6＋57.5×15%）＝73 125（元）

放弃折扣＝30 000×（2.5－2.5）＝0

年成本合计＝3 000＋73 125＝76 125（元）

由上述计算可知，订货量为5 000件时，成本总额最低，所以，最佳订货量为5 000件。

6. 答：

（1）没有任何限制时的经济订货批量。

$$经济订货批量 = \sqrt{\frac{2 \times 250\,000 \times 1\,080}{0.6}} = 30\,000（千克）$$

$$年成本合计 = \sqrt{2 \times 250\,000 \times 1\,080 \times 0.6} = 18\,000（元）$$

（2）一次订购25 000千克时。

订货成本＝$(250\,000/25\,000) \times 1\,080 = 10\,800$(元)

储存成本＝$(25\,000/2) \times 0.6 = 7\,500$(元)

年成本合计＝$7\,500 + 10\,800 = 18\,300$(元)

（3）由于仓库最大存储量只有 25 000 千克，小于经济订货批量，因此应在扩大仓储量以满足经济订货批量和按目前最大储存量订购两种方案之间做出抉择。扩大仓储量，按经济订货批量订购，需增加仓库租金 3 500 元，但其他各项成本仅比一次订购25 000 千克节约 300 元。因此，不应增加仓储，而应按 25 000 千克的批量分批订购。

7. 答：

再订货点＝$(12\,000/300) \times 10 + 500 = 900$(件)

教材习题解析

一、思考题

1. 请说明在不同情况下存货成本与存货决策的关系。

答：存货决策的目的在于既满足企业生产经营的需要，又能在不同情况下使相关成本总额最低。而存货的相关成本是企业存货决策的主要考虑因素，包括采购成本、订货成本、储存成本和缺货成本。

采购成本是指由购买存货而发生的成本（购买价格或发票价格）和运杂费用（运输费用和装卸费用等）构成的成本，其总额取决于采购数量和单位采购成本。

由于单位采购成本一般不随采购数量的变动而变动，因此，在采购批量决策中，存货的采购成本通常属于无关成本，但当供应商为扩大销售而采用数量折扣等优惠方法时，采购成本就成为与决策相关的成本了。

在允许缺货的情况下，缺货成本是与决策相关的成本，在不允许缺货的情况下，缺货成本是与决策无关的成本。

因而在一般情况下，存货决策只考虑订货成本和储存成本。

2. 储存成本包括付现成本，为什么不包括非付现成本（即沉没成本)?

答：沉没成本是指已经发生的、无法由现在或将来的任何决策所改变的成本，因此沉没成本属于存货决策的无关成本。

3. 经济订货批量确认的基本原理是什么?

答：经济订货批量，是指使存货的年订货成本与年储存成本合计数最低时的订货批量。

在某种存货全年需要量已定的情况下，降低订货批量，将增加订货批次。所以在确定经济订货批量时必须考虑以下两类因素：第一类，使存货的储存成本（变动储存成本）随平均储存量的下降而下降；第二类，使订货成本（变动订货成本）随订货批次的增加而增加。反之，减少订货批次将增加订货批量，在减少订货成本的同时，将会增加储存成本。可见，存货决策的目的就是确定使这两种成本合计数最低时的订货批量，即经济订货批量。

在确定经济订货批量时，为了找到使总成本最低的点，必须利用对存货总成本函数求一阶导数的方法，能使一阶导数为零的订货批量就是最小值点，即经济订货批量。

4. 在有数量折扣的决策中，相关成本包括哪些？如何进行最优化决策？

答：在有数量折扣的决策中，订货成本、储存成本以及采购成本都是经济订货批量决策中的相关成本，上述三种成本年合计最低的方案才是最优方案。

5. 建立最佳安全库存量政策必须考虑的成本是什么？

答：建立最佳安全库存量政策必须考虑以下两项成本：（1）安全库存量的储存成本；（2）库存耗竭成本。

6. 对企业而言，存货是必需的吗？我们应把零存货作为管理方法还是作为管理理念？

答：存货停留会损害企业价值，因此对企业生产经营而言未必是必需的，理论上讲应该将存货停留的时间缩短至零。

零存货管理的思想来自适时制的要求，适时制与传统存货管理不同。传统存货管理承认存货存在的合理性，要求按照各种模型制订的计划引入存货，提倡持有一定的存货，以达到相关成本总额最低；而零存货管理在本质上可以说是一种思想，要求企业按需要引入存货，并努力减少存货、降低存货成本，最终目的是消灭存货，以达到总成本最低。零存货是管理体制理念，而非数学模型或管理方法。企业应该学习的是适时制下努力降低存货、提高质量、不断改进的方法精髓，将这种先进的管理思想与企业的实际情况结合起来，从而达到提高经济效益的目的，而不是无视企业管理水平与外部环境的实际情况生搬硬套零存货管理。

7. 经济订货批量决策与零存货管理是否矛盾？为什么？

答：二者并不矛盾。因为在现实中，虽然适时制的创造者和实施者为实现零存货设计了各种措施，但实现零存货几乎是不可能的。虽然从理论上讲存货的存在是一种资源的浪费，但在现实企业中，库存是无处不在的，也是不可避免的，而且有利于企业生产经营活动的正常进行。

因此，一方面企业应不断改善经营管理，为最终实现零库存而奋斗；另一方面又应该面对现实，利用经济订货批量决策模型使存货维持在某一特定的水平上，做到浪费最少又能保证生产经营的正常进行。

8. 加速存货周转、缩短生产周期的基本方法是什么？

答：存货周转经过采购、生产、销售三个阶段，因此，加速存货周转的任务主要由采购部门、生产部门和销售部门负责。缩短生产周期的方法有：（1）根据市场供求状况，采用拉动式生产或推动式生产；（2）减少不增加价值的活动，缩短生产周期。

二、练习题

1. 答：

$$每次订货成本 = 1\,050(元)$$

$$单位年储存成本 = 50 + (170 + 200) \times 10\% = 87(元)$$

$$经济订货批量 = \sqrt{\frac{2 \times 12\,500 \times 1\,050}{87}} = 549(件)$$

$$经济订货批次 = \sqrt{\frac{12\,500 \times 87}{2 \times 1\,050}} = 23(次)$$

$$最低总成本 = \sqrt{2 \times 12\,500 \times 1\,050 \times 87} = 47\,789(元)$$

2. 答：

（1）A 材料的经济订货批量及总成本计算如下：

$$经济订货批量 = \sqrt{\frac{2 \times 56\,000 \times 1\,400}{20}} = 2\,800(千克)$$

$$最低总成本 = \sqrt{2 \times 56\,000 \times 1\,400 \times 20} = 56\,000(元)$$

（2）边送边用情况下的计算如下：

$$经济订货批量 = \sqrt{\frac{2 \times 56\,000 \times 1\,400}{20 \times \left(1 - \frac{200}{250}\right)}} = 6\,261(千克)$$

$$最低总成本 = \sqrt{2 \times 56\,000 \times 1\,400 \times 20 \times \left(1 - \frac{200}{250}\right)} = 25\,044(元)$$

（3）没有折扣时相关计算如下：

$$经济订货批量 = \sqrt{\frac{2 \times 56\,000 \times 1\,400}{20}} = 2\,800(千克)$$

$$储存成本 = \frac{2\,800}{2} \times 20 = 28\,000(元)$$

$$订货成本 = \frac{56\,000}{2\,800} \times 1\,400 = 28\,000(元)$$

$$放弃折扣 = 56\,000 \times 150 \times 2\% = 168\,000(元)$$

$$成本总额 = 28\,000 + 28\,000 + 168\,000 = 224\,000(元)$$

当每次采购数量为 3\,200 千克时，采购批次为 17.5 次（56\,000÷3\,200），可按 17 次或 18 次计算，由于采购 3\,200 千克以上才有折扣，故按 17 次计算，每次采购数量为 3 294 千克（56 000÷17）。

$$储存成本=\frac{3\,294}{2}\times20=32\,940（元）$$

$$订货成本=17\times1\,400=23\,800（元）$$

$$放弃折扣=0$$

$$成本总额=32\,940+23\,800=56\,740（元）$$

所以应按 3 294 千克采购，可节约成本 167 260 元（224 000－56 740）。

（4）再订货点为 2 000 千克（200×10）。

3. 答：

不同订货批量下总成本的计算结果如表 6-2 所示。

表 6-2　不同订货批量下总成本计算表

订货批量（吨）	5	10	15	30	50	75
年订货与储存成本（元）	9 375	7 500	8 125	12 500	19 500	28 625
铁路运输方式	零担			整车		
每吨运费（元）	124.5			31.4		
全年运费（元）	93 375	93 375	93 375	23 550	23 550	23 550
总成本（元）	102 750	100 875	101 500	36 050	43 050	52 175

由此可见，订货批量为 30 吨时，总成本最低，所以每次订货批量应为 30 吨。

4. 答：

计算各方案在各种状态下的损失值如表 6-3 所示。

表 6-3　各方案在各种状态下的损失值

方案	损失值		
	无雨	小雨	大雨
露天存放	/	85 000×50%＝42 500	85 000
购买篷布苫盖	1 800	1 800	1 800＋85 000×20%＝18 800
搭建简易料棚	4 600	4 600	4 600＋85 000×5%＝8 850

计算各方案在各种状态下的损失期望值如表 6-4 所示。

表 6-4　各方案在各种状态下的损失期望值

方案	无雨（0.4）	小雨（0.5）	大雨（0.1）	损失期望值合计
露天存放	/	42 500×0.5＝21 250	85 000×0.1＝8 500	29 750
购买篷布苫盖	1 800×0.4＝720	1 800×0.5＝900	18 800×0.1＝1 880	3 500
搭建简易料棚	4 600×0.4＝1 840	4 600×0.5＝2 300	8 850×0.1＝885	5 025

因此,应选择方案二,购买篷布苫盖。

5. 答:

(1) 经济生产批量 $=\sqrt{\dfrac{2\times 36\,000\times 6\,000}{3}}=12\,000(副)$

12 000 副是最优生产批量,应该接受生产 12 000 副 SG4 型护目镜的订单。该公司对客户要求所做出的反应是不恰当的,既然外国竞争对手能够以少于 Geneva 公司一半的生产时间将护目镜生产出来并送至零售商手中,说明 Geneva 公司的劳动效率低,有缩短生产时间的潜力。当前可以采用两班轮换生产的方式解决订单生产任务。一个工作班次生产速度为每天 750 副,两个工作班次生产速度为每天 1 500 副,6 天可完成生产。如果考虑生产准备时间为 2 天,则可以在两班轮换生产的基础上延长工作时间或三班轮换生产。

(2) 解决订单需求不应依靠储存更多的存货,这样会造成更大的损失和浪费。解决订单需求应该通过提高生产效率、缩短生产时间。例如缩短生产准备时间,提高生产的机械化、自动化水平等。在此,应借助零存货管理的思想去解决问题。

(3) 经济生产批量 $=\sqrt{\dfrac{2\times 36\,000\times 94}{3}}=1\,502(副)$

生产周期 $=9\,000/2\,000=4.5(天)$

新的交付时间 $=4.5+1.5/24=4.562\,5(天)$

按照这一新的计算,交付时间缩短为 4.562 5 天,可以满足客户的时间要求。

(4) 经济生产批量 $=\sqrt{\dfrac{2\times 36\,000\times 10}{3}}=490(副)$

生产准备时间接近于 0 以及生产准备成本变得微不足道意味着企业可以以零存货管理来满足市场的需求。

C 第 7 章

Chapter 7　投资决策

学习目标

1. 理解时间价值的概念，熟练掌握时间价值计算方法并能够灵活应用。

2. 了解现金流量的构成，掌握现金流量的计算方法。

3. 了解投资决策指标的经济意义，掌握各投资决策指标的计算方法并能够准确应用。

4. 了解战略性投资的内涵和重要性，并能进行投资决策应用。

5. 了解企业投资决策失败的行为因素和分析管理策略。

学习指导

一、学习重点

1. 了解和掌握进行投资决策必须掌握的基本知识（如货币时间价值、现金流量、资本成本的概念及计算）。

2. 熟练掌握静态投资决策指标及动态投资决策指标的计算及优缺点。

3. 掌握投资的战略性思维和典型的战略投资决策。

4. 了解和掌握企业投资决策失败的行为因素以及分析管理策略。

二、学习难点

1. 货币时间价值基本计算公式在不同情况下的灵活运用。

2. 现金流量在不同期间的准确计算和确定。

3. 战略投资决策的综合分析。

4. 投资决策失败行为因素的区分和理解。

练习题

一、名词解释

1. 货币时间价值
2. 年金
3. 现金流量
4. 资本成本
5. 投资回收期
6. 净现值
7. 内部报酬率
8. 获利指数
9. 实物期权
10. 敏感性分析
11. 投资协同效应
12. 证真偏差
13. 锚定效应

二、判断题

1. 货币时间价值，指的是货币经过一定时间的投资后所增加的价值。　　（　　）

2. 货币时间价值是在没有通货膨胀和风险的条件下的社会平均资本利润率。　　（　　）

第 7 章判断题
即测即评

3. 当通货膨胀率很低时，人们常常习惯于将银行利率视为货币时间价值。　　（　　）

4. 货币时间价值的计算方法与银行复利的计算方法一致。　　（　　）

5. 实际利率与名义利率的关系是：$i=(1+r/m)^m+1$。　　（　　）

6. 年金指的是定期的系列收支。　　（　　）

7. 由于留存收益属于股东权益的一部分，因此其资本成本的计算方法与普通股的资本成本的计算方法相同，只是不考虑筹资费用。　　（　　）

8. 每年年末支付 500 元，假设利率为 5%，5 年后本利和为 2 901 元。　　（　　）

9. 每年年初支付 500 元，假设利率为 5%，5 年后本利和为 2 901 元。　　（　　）

10. 每年支付 500 元，假设利率为 5%，每年复利两次，5 年后本利和为 2 901元。　　（　　）

11. 因为在整个投资有效年限内利润总计与现金流量是相等的，所以在投资决策中，重点研究利润和重点研究现金流量效果是一样的。　　（　　）

12. 名义利率是指在 1 年内复利计息期小于 1 年时所给出的年利率，它通常小于实际利率。　　（　　）

13. 以资本成本率为贴现率计算净现值并进行项目评价时，有时会夸大项目的效益。　　（　　）

14. 由于折旧会使税负减少，因此计算现金流量时，应将其视为现金流出量。
（　　）

15. 一个净现值较大的投资方案，其内部报酬率至少高于资本成本率。
（　　）

16. 在计算债券的资本成本时，应重点考虑用资费用，筹资费用一般可忽略不计。
（　　）

17. 投资决策时仅需要考虑投资项目直接带来的现金流量。（　　）

18. 净现值是较为科学的投资决策指标，因此投资项目价值等于净现值。
（　　）

19. 投资决策面临的未来不确定性越大，实物期权的价值越小。（　　）

20. 敏感系数反映的是某一因素值变动对目标值变动的影响程度。（　　）

21. 公司投资项目的选择应该随公司不同风险承担水平进行战略性的调整。
（　　）

22. 企业的多项投资项目并不一定是相互割裂的，也有可能存在协同效应。
（　　）

23. "不要紧，这不过是次例外"体现了证真偏差。（　　）

24. 由于行为因素在投资决策中普遍存在，因此不需要特别管理。（　　）

第7章单项选择题
即测即评

三、单项选择题

1. 在利率和计息期数相同的条件下，复利现值系数与复利终值系数（　　）。

A. 没有关系　　　　　　B. 互为倒数

C. 成正比　　　　　　　D. 系数加1，期数减1

2. 递延年金的特点是（　　）。

A. 没有终值　　　　　　B. 没有第1期的支付额

C. 没有现值　　　　　　D. 上述说法都对

3. 一项借款的利率为10%，期限为7年，其投资回收系数为（　　）。

A. 0.20　　　　B. 0.24　　　　C. 0.21　　　　D. 0.18

4. 一项100万元的借款，借款期限为5年，年利率为8%；若半年复利一次，年实际利率会比名义利率高出（　　）。

A. 0.16%　　　　B. 0.2%　　　　C. 0　　　　D. 0.22%

5. 下列公式中用于计算偿债基金系数的是（　　）。

A. $\dfrac{i}{(1+i)^n-1}$　　　　　　　B. $\dfrac{(1+i)^n-1}{i}$

C. $\dfrac{i}{1-(1+i)^{-n}}$　　　　　　D. $\dfrac{1-(1+i)^{-n}}{i}$

6. 利用获利指数评价投资决策时，贴现率的高低对方案的优先次序（　　）。

　　A. 没有影响　　　　　　　　　　B. 有影响

　　C. 成正比　　　　　　　　　　　D. 成反比

7. 获利指数（　　）就表明该项目具有正的净现值，对企业有利。

　　A. 大于 0　　　　B. 小于 0　　　　C. 大于 1　　　　D. 小于 1

8. 某投资项目，若贴现率为 10%，其净现值为 250；若贴现率为 12%，其净现值为 -120，则该项目的内部报酬率为（　　）。

　　A. 8.65%　　　　B. 13.85%　　　　C. 11.35%　　　　D. 12.35%

9. 投资者期望获得的投资报酬率水平的影响因素是（　　）。

　　A. 社会平均利润率　　　　　　　B. 企业利润

　　C. 企业收入　　　　　　　　　　D. 项目内部报酬率

10. 与投资项目有关的现金流量是（　　）。

　　A. 企业折旧额　　　　　　　　　B. 企业利润

　　C. 投资项目折旧额　　　　　　　D. 企业收入

11. 下列说法中不正确的是（　　）。

　　A. 净现值大于零，方案可取

　　B. 内部报酬率大于资本成本率，方案可行

　　C. 使用净现值、获利指数与内部报酬率指标，在评价投资项目可行性时，会得出相同的结论

　　D. 内部报酬率是投资项目本身的收益能力，反映其内在获利能力

12. 旧设备的变现价值，应作为继续使用旧设备的（　　）。

　　A. 付现成本　　　　　　　　　　B. 无关成本

　　C. 相关成本　　　　　　　　　　D. 机会成本

13. 当贴现率与内部报酬率相等时，说明（　　）。

　　A. 净现值大于零　　　　　　　　B. 净现值小于零

　　C. 获利指数等于零　　　　　　　D. 获利指数等于 1

14. 对单独投资项目进行评价时，下列表述不正确的是（　　）。

　　A. 资本成本率越高，净现值越大

　　B. 当内部报酬率等于资本成本率时，净现值为零

　　C. 内部报酬率小于资本成本率时，净现值为负数

　　D. 资本成本率越低，获利指数越大

15. 实物期权考虑了投资项目可以提供灵活性和提供有用信息的可能性，丰富了价值创造的源泉。在目前投资环境不佳、项目状况不好时，公司不应选择投资于（　　）。

A. 延迟期权
B. 缩减期权
C. 撤销期权
D. 扩展期权

16. 以下不属于公司战略性投资的特征的是（　　）。

A. 规模大周期长

B. 基于企业长期发展目标

C. 分阶段

D. 只涉及局部问题

17. 公司某投资项目的初始投资额、年净现金流量、项目年限、贴现率对净现值的敏感系数分别为 0.8、2.1、1.2、3.4，则不属于敏感因素的是（　　）。

A. 初始投资额
B. 年净现金流量
C. 项目年限
D. 折现率

18. 以下关于公司投资协同效应的论述错误的是（　　）。

A. 投资协同效应的概念可以类比并购协同效应

B. 投资协同效应更多的指企业内部各投资项目间

C. 投资协同效应更多的指企业与企业间

D. 投资协同既有可能实现当期投资收益，也有可能实现后续更高的战略目的

19. 在进行投资决策时过分关注当前数字，而对环境变化调整不充分，体现的行为因素是（　　）。

A. 过度自信
B. 证真偏差
C. 锚定效应
D. 损失厌恶

20. 公司投资决策时过度倾向于熟悉的项目，而不去探索新项目，体现的行为因素是（　　）。

A. 过度自信
B. 模糊规避
C. 锚定效应
D. 损失厌恶

四、多项选择题

第 7 章多项选择题
即测即评

1. 递延年金具有（　　）等特点。

A. 终值大小与递延期有关

B. 计算终值的方法与普通年金相同

C. 计算现值的方法与普通年金相同

D. 第一期没有支付额

E. 最后一期没有收支额

2. 永续年金具有（　　）等特点。

A. 没有现值
B. 没有终值
C. 每期等额支付
D. 每期支付额不定

E. 没有复利值

3. 投资决策分析使用的动态投资指标主要有（　　）。

A. 投资报酬率　　　　　　　B. 内部报酬率

C. 投资回收期　　　　　　　D. 净现值

E. 获利指数

4. 在考虑所得税的影响后，能够计算出经营现金流量的公式有（　　）。

A. 经营现金流量＝收入×(1−所得税税率)−付现成本×(1−所得税税率)−折旧×所得税税率

B. 经营现金流量＝税后收入−税后成本＋折旧

C. 经营现金流量＝营业收入−付现成本−所得税

D. 经营现金流量＝税后净利润＋折旧

E. 经营现金流量＝税后净利润−折旧

5. 个别资本成本受（　　）的影响。

A. 资金年实际用资费用　　　B. 资金的筹资总额

C. 同期银行利率　　　　　　D. 资金筹集费用

E. 资金占用时间

6. 投资决策分析使用的静态投资指标主要有（　　）。

A. 投资回收期　　　　　　　B. 投资报酬率

C. 净现值　　　　　　　　　D. 内部报酬率

E. 获利指数

7. 影响普通股资本成本率的因素包括（　　）。

A. 预期年股利额　　　　　　B. 普通股股利年增长率

C. 所得税税率　　　　　　　D. 普通股筹资总额

E. 优先股股利

8. 下列因素中影响内部报酬率的有（　　）。

A. 投资项目的使用年限　　　B. 建设期的长短

C. 投资的投入方式　　　　　D. 资本成本

E. 风险

9. 影响投资项目每年经营现金流量大小的因素有（　　）。

A. 每年的收入　　　　　　　B. 每年收入的增加额

C. 成本的增加额　　　　　　D. 付现成本

E. 折旧

10. 若一个投资项目的净现值大于零，则可能说明该项目（　　）。

A. 经营现金流量为正数　　　B. 资本成本低

C. 投资额少　　　　　　　　D. 经营期的利润水平高

E. 风险高

11. 将实物期权方法用于企业投资决策中，下列说法正确的是（　　）。

A. 能较好地处理不确定性

B. 建立了公司投资项目分析与公司投资战略之间的联系

C. 对传统投资决策方法结果进行了再一次谨慎的测试

D. 净现值等投资决策指标是科学的决策指标，企业投资决策不需要引入实物期权法

E. 企业拥有的期权必然要执行，否则没有意义

12. 以下属于公司种子业务投资的特征的是（　　）。

A. 未来具有垄断机会

B. 市场风险小

C. 需要持续投入大量的资金

D. 目的是快速盈利

E. 增长潜力小

13. 关于敏感性分析的表述中，正确的是（　　）。

A. 敏感性分析有助于了解投资方案对不确定因素的不利变动所能容许的风险程度

B. 敏感性分析有助于鉴别何者是敏感因素

C. 敏感性分析完美解决了企业投资方案存在不确定性时的决策问题

D. 敏感性分析在一定程度上对不确定因素的变动对决策方案的影响做了定量的描述

E. 敏感性分析应对投资方案涉及的全部不确定因素进行分析

14. 出于战略考虑，以下项目中公司应该投资的是（　　）。

A. 项目内部报酬率低于公司资本成本，但未来极有可能形成垄断地位的种子业务

B. 项目风险超出公司承担水平，却是公司度过经营困境的唯一选择

C. 项目本身净现值为负，但可以和公司另一项目实现大于净现值绝对值的协同效应

D. 项目短期内净现值为正，但与公司长期发展方向不符，且业务未来不易剥离

E. 项目暂时不能获利，但与企业的发展战略相契合

15. 以下属于基于心理偏差的行为因素的是（　　）。

A. 过度自信　　　　　　　　　　B. 证真偏差

C. 锚定效应　　　　　　　　　　D. 损失厌恶

E. 模糊规避

16. 以下属于基于有误推断的行为因素的是（　　）。

A. 易获得性推断　　　　　　　　B. 过度自信

C. 锚定效应 　　　　　　　　D. 损失厌恶

E. 模糊规避

17. 以下属于基于框架效应的行为因素的是（　　　）。

A. 锚定效应 　　　　　　　　B. 证真偏差

C. 模糊规避 　　　　　　　　D. 损失厌恶

E. 易获得性推断

18. 以下属于投资决策的分析管理策略的是（　　　）。

A. 强化约束机制 　　　　　　B. 严格可行论证

C. 注重全过程管控 　　　　　D. 明确权责统一

E. 强调当下利益

五、简答题

1. 什么是实际利率与名义利率？

2. 什么是资本成本？在项目投资决策中起什么作用？

3. 静态投资指标与动态投资指标有何区别？

4. 试比较三种动态投资指标的差异。

5. 为什么在投资决策中要进行敏感性分析？

6. 简述实物期权法应用于企业投资决策的逻辑。

7. 投资决策的行为因素有哪些？

六、计算题

1. 假设银行利率为 8%，若要在 5 年后得到 10 000 元。

要求：计算每年应存入银行的金额。

2. 某投资项目在未来 8 年内每年可取得 10 000 元的收益，假设投资报酬率为 8%。

要求：计算该项目的现值。

3. 某投资项目自第 3 年起，每年可取得投资收益 5 000 元，假设投资报酬率为 10%。

要求：

（1）计算 10 年后取得的投资收益的价值。

（2）计算该项目的现值。

4. 某人将 200 万元投资于 A 公司的优先股，假设今后每年可取得 10% 的红利。

要求：计算优先股的现值。

5. 某公司拟安装一种自动装置，据估计，初始投资为 1 000 万元，服务期限为 10 年，每年销售收入为 450 万元，年总成本为 280 万元，假设公司资本成本为 10%。

要求：计算该投资项目的销售收入增长 10％对内部报酬率的敏感系数。

练习题参考答案

一、名词解释

1. 货币时间价值，是指货币经过一定时间的投资与再投资后所增加的价值。

2. 年金，是指等额、定期的系列收入或支出。普通年金是在每期期末收入或支出的年金，所以又叫后付年金。

3. 现金流量，是指与长期投资决策有关的现金流入和流出的数量。

4. 资本成本，是指企业筹集和使用资金必须支付的各种费用，包括用资费用和筹资费用。

5. 投资回收期，是指自投资方案实施至收回初始投入资本所需的时间，即使与此方案相关的累计现金流入量等于累计现金流出量的时间。

6. 净现值，是指在方案的整个实施过程中，所有现金净流入年份的现值之和与所有现金净流出年份的现值之和的差额。

7. 内部报酬率，反映的是方案本身实际达到的报酬率，它是在整个方案的实施过程中，所有现金净流入年份的现值之和与所有现金净流出年份的现值之和相等时方案的报酬率，即项目净现值为零时的报酬率。

8. 获利指数也叫现值指数，是指在整个方案的实施过程中，所有现金净流入年份的现值之和与所有现金净流出年份的现值之和的比值。

9. 实物期权，在对投资项目进行价值评估时，需要考虑投资项目可以提供灵活性和提供有用信息的可能性，进而能够创造出一些新的投资机会，这种灵活性就叫实物期权。

10. 敏感性分析，是用来衡量项目评价指标对特定假设条件变化的敏感度的一种分析方法。如果某假设条件在较小范围内变动，项目评价指标却发生了较大变动，表明该假设条件的敏感性强；反之，某假设条件发生较大的变动才对项目评价结果产生较小影响，则表明该假设条件的敏感性弱。

11. 投资协同效应，是指企业两项或多项投资项目的综合价值和净现值大于各个单独部分的总和。

12. 证真偏差，是指个体期望去寻找与他们持有观点一致的信息，而忽视那些不支持他们看法的信息，甚至还会花费更多的时间和资源贬低与他们看法相左的观点。

13. 锚定效应，是指个体在对不确定事物做出定量估计时，通常会将某些特定的数值设定为初始值，然后根据进一步获取的信息对其进行修正，以得到最终估计的结果，就像是为了防止船漂远而抛锚一样。

二、判断题

1. ×	2. √	3. ×	4. √
5. ×	6. ×	7. √	8. ×
9. √	10. ×	11. ×	12. √
13. √	14. ×	15. √	16. ×
17. ×	18. ×	19. ×	20. √
21. √	22. √	23. √	24. ×

三、单项选择题

1. B	2. B	3. C	4. A
5. A	6. B	7. C	8. C
9. A	10. C	11. C	12. D
13. D	14. A	15. D	16. D
17. A	18. C	19. C	20. B

四、多项选择题

1. BD	2. BC	3. BDE	4. BCD
5. ABD	6. AB	7. ABD	8. ABC
9. ADE	10. ABD	11. ABC	12. AC
13. ABD	14. ABCE	15. AB	16. AC
17. CD	18. ABCD		

五、简答题

1. 什么是实际利率与名义利率？

答：复利的计息期不一定是 1 年，也可以是季或月等，即 1 年内可以复利若干次。1 年内复利 1 次以上时的年利率就是名义利率。实际利率则是指复利期为 1 年时的年利率。它们之间的关系是：$1+i=(1+r/m)^m$，i 为实际利率，m 为每年复利次数，r 为名义利率。

2. 什么是资本成本？在项目投资决策中起什么作用？

答：资本成本是指企业筹集和使用资金必须支付的各种费用。包括：（1）用资费用，是指企业在使用资金中支付的费用，如股利、利息等，其金额与使用资金的数额多少及时间长短成正比，它是资本成本的主要内容；（2）筹资费用，是指企业在筹集资金中支付的费用，如借款手续费、证券发行费等，其金额与资金筹措方式有关，而与使用资金的数额多少及时间长短无关。

资本成本的计算在企业进行筹资决策、投资决策、营运资本管理和业绩考评等方面，都有着重要的意义。从投资决策角度来看，资本成本是评价投资项目、决定项目取舍的一个重要标准。只有当项目的投资报酬率高于资本成本时，项目才可以被接受，否则就必须放弃。但由于所有的项目都具有一定的风险性，因此在决定项目取舍时，还要在资本成本的基础上，追加计算相应的风险报酬率。

3. 静态投资指标与动态投资指标有何区别？

答：静态投资指标均未考虑货币时间价值，它们的共同优点是计算简便。投资回收期的长短也是衡量项目风险大小的标志之一，因此在实务中常常被视为选择方案的标准之一。投资回收期最大的缺点在于它既没有考虑货币时间价值，也没有考虑投资回收期后的现金流量，因此该方法不适宜用来判断那些后期收益较为丰厚的项目。投资报酬率法使用的是普通会计学上的收益和成本的概念，易于接受和掌握。它最大的缺点仍然是没有考虑货币时间价值。与静态投资决策指标不同，动态投资决策指标是在考虑货币时间价值的基础上，对方案的优劣取舍进行判断。动态投资决策指标主要有净现值、获利指数和内部报酬率等，它们都是将各项目调整到同一个时点上进行比较，结果更加客观，也更具有说服力。

4. 试比较三种动态投资指标的差异。

答：净现值指标是一个绝对数，它可以反映采取某方案时企业具体可得到的收益数，因此该指标常常用来筛选项目，即企业只选择净现值大于零的项目进行投资。如果企业有若干个净现值大于零的方案，而这些方案间并不相互排斥，这时就应当首先满足净现值最大方案的投资需要。但是净现值指标无法反映方案间投资报酬率的差异。如果企业评价方案的目的不仅是筛选项目，还要在所有净现值大于零的项目中选择最优项目进行投资，就必须使用相对数指标进行判断，获利指数和内部报酬率指标都适合用来进行判断，二者的不同之处在于前者需事先确定一个贴现率。该贴现率一般可以通过资本成本率或企业要求的必要报酬率来确定，但是计算过程比较复杂，而且含有较多的主观因素。内部报酬率指标计算的是方案自身的报酬率，因此可回避上述这些问题。内部报酬率指标也存在着一个很大的弱点：如果方案在运行过程中，净现金流量不是持续大于零，而是反复出现，隔若干年就会有一个净现金流量小于零的阶段，此时根据内部报酬率的数学模型就可能得到若干个内部报酬率，它们都满足使方案的净现值等于零的条件。在这种情况下，一般只能根据经验并结合其他指标进行判断。

5. 为什么在投资决策中要进行敏感性分析？

答：敏感性分析是投资决策中常用的一种重要分析方法，用来衡量项目评价指标对特定假设条件变化的敏感度。如果某假设条件在较小范围内变动，项目评价指标却发生了较大变动，表明该假设条件的敏感性强；反之，某假设条件发生较大的变动才对项目评价结果产生较小影响，则表明该假设条件的敏感性弱。长期投资决策并不是一件容易的事，与一般的经营活动相比，投资活动往往投入更大、周期更长、投资结果不易改变，而且投资项目面临较大的不确定性，若无法给出明确的现金流量和贴现率，则难以计算出准确的净现值等决策指标，在定性分析和定量分析相结合的基础上，企业可以进行敏感性分析，以指出在哪些方面需要收集更多的信息。敏感性分析有助于企业管理者了解在执行决策方案时应注意的问题，从而可以预先考虑相应的措施与对策，避免决策上的失误。

6. 简述实物期权法应用于企业投资决策的逻辑。

答：在对投资项目进行价值评估时，不仅需要考虑投资项目直接带来的现金流量，还需要考虑投资项目提供灵活性和提供有用信息的可能性，进而创造出一些新的投资机会，这种灵活性就叫实物期权。例如企业投资可使用多种能源的设备，那么企业便可根据未来市场上的能源价格变动，灵活地选择物美价廉的能源以满足生产，这使得企业的投资决策具有一定的灵活性。在今天评价未来决策时，许多信息仍有待发现，企业将其投资决策延后至信息披露的能力就是一种期权。

传统的净现值法评估投资项目的价值忽略了项目执行期间可能出现的新机遇。所以，引入实物期权的概念后，项目价值＝净现值＋实物期权价值。

7. 投资决策的行为因素有哪些？

答：投资决策的行为因素大体上包括以下三类：

基于心理偏差的行为因素，偏差是产生谬误的一种诱因，投资决策中常见的心理偏差有过度自信和证真偏差。

基于有误推断的行为因素，许多管理层都直接依靠经验推断来做决策，投资决策中常见的有误推断有锚定效应和易获得性推断。

基于框架效应的行为因素，"框架"是期望理论中一个很重要的方面，个体决策很容易受决策目标表述方式的影响，比如以肯定或否定的方式来表述，投资决策中常见的框架效应有损失厌恶和模糊规避。

六、计算题

1. 答：

$$F = A \times (F/A, i, n)$$

$$A = \frac{10\,000}{(F/A, 8\%, 5)} = \frac{10\,000}{5.867}$$

$$= 1\,704.45(元)$$

每年应存入银行 1 704.45 元。

2. 答：

$$P = A \times (P/A, i, n)$$

$$= 10\,000 \times (P/A, 8\%, 8)$$

$$= 10\,000 \times 5.747$$

$$= 57\,470(元)$$

该项目的现值为 57 470 元。

3. 答：

（1）10 年后取得的投资收益的价值计算如下。

$$F = A \times (F/A, 10\%, 10) - 5\,000 \times (F/P, 10\%, 9) - 5\,000 \times (F/P, 10\%, 8)$$
$$= 5\,000 \times 15.937 - 5\,000 \times 2.358 - 5\,000 \times 2.144$$
$$= 57\,175(元)$$

（2）该项目的现值计算如下。

$$P = F \times (P/F, 10\%, 10)$$
$$= 57\,175 \times 0.386$$
$$= 22\,069.55(元)$$

10 年后取得的投资收益的价值为 57 175 元；其现值为 22 069.55 元。

4. 答：

$$优先股每年股利 = 200 \times 10\% = 20(万元)$$
$$P = \frac{A}{i} = \frac{20}{10\%} = 200(万元)$$

该优先股的现值应为 200 万元。

5. 答：

计算内部报酬率 IRR 的目标值：

$$NPV = -1\,000 + (450 - 280)(P/A，IRR，10) = 0$$

可得

$$IRR = 11.03\%$$

当销售收入增长 10% 时：

$$NPV = -1\,000 + (450 \times (1 + 10\%) - 280)(P/A，IRR，10) = 0$$

可得

$$IRR = 17.04\%$$
$$敏感系数 = [(17.04\% - 11.03\%)/11.03\%]/10\% = 5.45$$

📖 教材习题解析

一、思考题

1. 在进行投资决策分析时，为什么要考虑货币时间价值？

答：货币时间价值，实际上可以理解为资金使用的机会成本。资金作为一项资源，在一定的时间内是有限的，投入到某一方面使用后，就无法同时再用于其他方面，即失去了其他方面的投资机会。如果投资其他方面可以得到 10% 的效益，那么投资于该方面至少应获取大于 10% 的效益，以弥补放弃投资于其他方面的损失。可见，承认并重视货币时间价值，对资金的使用者而言，意味着永远存在资金的使用压力，他们必须努力挖掘资金的潜力，经济有效地利用资金，最大限度地提高资金的经济效益。

货币时间价值从量的规定上说，就是在没有通货膨胀和风险的条件下的社会平均利润率。由于市场竞争的结果，市场经济中各部门的投资报酬率趋于一致。每个投资者的投资目的都是使自己的投资尽快增值，这就必然要求投资报酬率高于社会平均利润率，否则不如把钱存入银行或购买国债，以取得社会平均利润率。因此，货币时间价值就成为投资决策中评价投资方案的基本标准，只有当投资报酬率高于货币时间价值时，该项目才可能被接受，否则就必须放弃此项目。

2. 为什么在进行投资决策分析时，要以现金流量而不是会计利润作为项目取舍的衡量标准？

答：进行投资决策分析时，要以现金而不是以会计利润作为项目取舍的衡量标准的主要原因是如下。

(1) 科学的投资决策应考虑货币时间价值。由于长期投资决策要求考虑货币时间价值，在决策分析时既需要预测现金流入和现金流出的数量，也需要考虑现金流发生的时间，以其作为衡量投资项目优劣的依据。而会计利润的计算是建立在权责发生制基础上的，现金流入与流出发生的时间相对不重要。

(2) 利润是以权责发生制为基础计算的：一方面，各期利润在一定程度上受所采用的存货计价、费用分摊和折旧计提等会计政策选择的影响；另一方面，又会因为应收、应付、预收、预付等原因产生价值波动。此外，利润指标也容易受企业决策层基于某些经济动机的人为操纵。

综上所述，利润的预计比现金流量的预计具有更大的模糊性，用利润指标作为决策的主要依据不太可靠。

3. 从本质上讲，资金时间价值是如何产生的？这对管理而言有何意义？

答：从本质上讲，资金在周转使用中由于时间因素而形成的差额价值（即资金在生产经营中带来的增值额），称为资金时间价值。资金使用者把从资金提供者处获得的资金投入生产经营，必然借以生产产品或提供劳务，从而创造新价值，带来利润。资金周转使用的时间越长，所获得的利润就越多。

对管理的意义在于：

(1) 时间价值产生于生产流通领域，消费领域不产生时间价值，因此企业应将更多的资金或资源投入生产流通领域而不是消费领域。

(2) 时间价值产生于资金运动之中，只有运动着的资金才能产生时间价值，凡处于停顿状态的资金（从资金增值的自然属性讲已不是资金）不会产生时间价值，因此企业应尽量减少资金的停顿时间和数量。

4. 从计算上讲，资金时间价值的大小取决于哪些因素的影响？这对管理而言有何意义？

答：从计算上讲，资金时间价值的大小取决于终值、现值、利率和计息期，其中最关键的因素是利率和计息期。因为在资金总额不变的情况下，终值大小与利率和计息期成正比。

对管理的意义在于：资金时间价值的大小取决于资金周转速度及增值速度的快慢，时间价值与资金周转速度及增值速度成正比，因此企业应采取各种有效措施加速资金周转，提高资金的使用效率和使用效果。

5. 如果投资期间不同，或者投资额不等，根据净现值能否得出正确的结论？如何才能得出正确的结论？

答：如果投资期间不同，或者投资额不等，净现值无法得出正确的结论，如要得出正确的结论，应采用差额投资内部报酬率进行决策。

6. 净现值投资决策指标有何缺陷？如何克服？

答：首先，净现值指标是一个绝对数，无法从动态和相对的角度直接反映投资项目的实际收益率；其次，净现值法需要较为准确的现金流量和资本成本，实践中很难得到满足；最后，净现值法评估投资项目的价值忽略了项目执行期间可能出现的新机遇，例如企业投资可使用多种能源的设备，企业可根据未来市场上的能源价格变动，灵活地选择物美价廉的能源满足生产，这就给予了企业投资决策灵活性。

对净现值指标缺陷的克服可以考虑两个方面，一是引入实物期权的投资理念，实物期权提供了对投资项目进行价值评估时的灵活性，所以，引入实物期权的概念后，项目价值＝净现值＋实物期权价值。二是进行敏感性分析，敏感性分析是用来衡量项目评价指标对特定假设条件变化的敏感度的一种分析方法。如果某假设条件在较小范围内变动，项目评价指标却发生了较大变动，表明该假设条件的敏感性强；反之，某假设条件发生较大的变动才对项目评价结果产生较小影响，则表明该假设条件的敏感性弱。假设难以计算出准确的净现值，在定性分析和定量分析相结合的基础上，敏感性分析可以指出企业在哪些方面需要收集更多的信息，有助于企业管理者了解在执行决策方案时应注意的问题，从而可以预先考虑相应的措施与对策，避免决策上的失误。

7. 企业为什么要重视战略性投资？战术性投资和战略性投资如何配合才能使企业更好地发展？

答：战略性投资主要指对企业未来产生长期影响的资本支出，具有规模大、周期长、基于企业发展的长期目标、分阶段等特征，影响着企业的前途和命运。

战术性投资主要指为实现某一特定目的而进行的直接投资或辅助投资，往往只涉及一些局部问题，投资金额少，投资周期较短，对企业整体经营影响不大。

企业寻求的是持续经营和可持续发展，因此不能仅仅关注当下的得失，还应同时关注当期和未来。因此企业既要有战略性投资，也要有战术性投资，平衡发展，简言之，战术性投资和战略性投资相互配合，才能助力企业走得更远。

8. 何谓敏感性分析？它是如何在投资决策中发挥作用的？

答：敏感性分析是投资决策中常用的一种重要的分析方法，用来衡量项目评价指标对特定假设条件变化的敏感度。如果某假设条件在较小范围内变动，项目评价指标却发生了较大变动，表明该假设条件的敏感性强。

在投资决策分析中，经常利用敏感性分析方法来检查各种变量对投资分析指标的影响程度，即敏感系数，敏感系数是目标值的变动百分比与变量值的变动百分比的比值，敏感系数大，表明该变量对目标值的影响程度也大，该变量因素为敏感因素，反之亦然。投资项目面临较大的不确定性，假设无法给出明确的现金流量和贴现率，就难以计算出准确的净现值等决策指标，在定性分析和定量分析相结合的基础上，企业可以进行敏感性分析，以指出在哪些方面需要收集更多的信息，帮助决策者根据企业的具体情况在各种不同的方案中进行选择。

9. 投资决策的行为因素有哪些？如何规避投资决策风险？

答：投资决策的行为因素有基于心理偏差的行为因素，包括过度自信和证真偏差；基于有误推断的行为因素，包括锚定效应和易获得性推断；基于框架效应的行为因素，包括损失厌恶和模糊规避。

规避投资决策风险需要强化约束机制、严格可行论证、注重全过程管控和明确权责统一。

二、练习题

1. 答：

(1) $P = A \times (P/A, i, n)$

$\qquad = 24 \times (P/A, 6\%, 30)$

$\qquad = 24 \times 13.765$

$\qquad = 330.36 (万元)$

在平均收益率每年 6% 时，老王要有 330.36 万元才能满足幸福养老的愿望。

(2) $P = A \times (P/A, i, n)$

$\qquad 330.36 = A \times (P/A, 6\%, 10)$

$\qquad A = 330.36 \div 7.360 = 44.89 (万元)$

小王未来 10 年每年存入 44.89 万元才能满足老王幸福养老的愿望。

2. 答：

（1）该项投资的报酬率。

$$投资报酬率=\frac{(3\,000+3\,000)\div 2}{5\,000}=60\%$$

（2）该项投资的内部报酬率。

假设该项投资的贴现率为12%，则其净现值为：

$$
\begin{aligned}
净现值&=3\,000\times(P/A,12\%,2)-5\,000\\
&=3\,000\times1.690-5\,000\\
&=70(元)
\end{aligned}
$$

假设该项投资的贴现率为14%，则其净现值为：

$$
\begin{aligned}
净现值&=3\,000\times(P/A,14\%,2)-5\,000\\
&=3\,000\times1.647-5\,000\\
&=-59(元)
\end{aligned}
$$

采用内插法计算内部报酬率。

$$
\begin{aligned}
IRR&=12\%+(14\%-12\%)\times\frac{70}{70-(-59)}\\
&=13.09\%
\end{aligned}
$$

（3）贴现率为10%时该项投资的净现值及获利指数计算如下。

$$
\begin{aligned}
净现值&=-5\,000+3\,000\times(P/A,10\%,2)\\
&=-5\,000+3\,000\times1.736\\
&=208(元)
\end{aligned}
$$

$$
获利指数=\frac{3\,000\times(P/A,10\%,2)}{5\,000}
$$

$$
=\frac{3\,000\times1.736}{5\,000}=1.042
$$

3. 答：

当以净现值指标评价方案时，应该选净现值大于或等于零的方案，故方案A不可取；而在方案B与方案C之间，方案C最优，因为方案C的净现值较大。

与净现值相比，获利指数是一个相对数，克服了不同投资方案间净现值缺乏可比性的问题。它的经济意义是每1元投资在未来获得的现金流入量的现值。当以获利指数指标评价方案时，如果方案的获利指数小于1，表明其报酬率没有达到预定的贴现率；如果获利指数大于1，说明其报酬率已超过预定的贴现率，则该方案可以接受。由此可见，方案B最优。

内部报酬率反映的是方案本身实际达到的报酬率，它是在整个方案的实施过程中，当所有现金净流入年份的现值之和与所有现金净流出年份的现值之和相等时方案的报酬率，即项目的净现值为零时的报酬率。当以内部报酬率作为决策指标时，应选择内部报酬率最大的方案。故方案 B 最优。

4. 答：

（1）不考虑货币时间价值。

$$去制瓶厂可获工资 = 380 \times 12 + 380 \times 12 \times (1 + 7\%)$$
$$= 9\ 439.2（美元）$$
$$去肉制品包装厂可获工资 = 24 \times 8.75 \times 12 - 225 \times 4 \times 2 + 550 \times 12$$
$$= 7\ 320（美元）$$

由于 9 439.2＞7 320，如果不考虑时间价值，在制瓶厂可以赚得最多钱。由于 Hunter 唯一的目标就是在这两个暑假尽量多赚钱，因此选择制瓶厂工作。

需要考虑的主要非定量因素是专业性提升，在肉制品包装厂工作虽然报酬相对低，但可以提高会计专业能力。

（2）考虑货币时间价值。

$$去制瓶厂可获工资 = 380 \times 12 + 380 \times 12 \times (1 + 7\%) \times (P/F, 5\%, 1)$$
$$= 4\ 560 + 4\ 879.2 \times 0.952$$
$$= 9\ 205（美元）$$
$$去肉制品包装厂可获工资 = 24 \times 8.75 \times 12 - 225 \times 4 \times 2 + (550 \times 12)$$
$$\times (P/F, 5\%, 1)$$
$$= 2\ 520 - 1\ 800 + 6\ 600 \times 0.952$$
$$= 7\ 003.2（美元）$$

即使考虑货币时间价值，在制瓶厂也可以赚得最多钱。因为 Hunter 唯一的目标就是在这两个暑假尽量多赚钱。但需要考虑的主要非定量因素是专业性提升。去肉制品包装厂本暑假可以上两门会计课，而且做会计全职工作，可以提高会计专业能力。所以，从长远看，去肉制品包装厂可以获得更高收益。

5. 答：

（1）失败原因：电影小镇投资决策投资过高，对项目产生长期和不可逆的影响，导致项目负担大。在进行投资决策时未较好地进行敏感性分析，未对客流量这一最重要的敏感因素进行合理评估和预测，导致投资效益下降。缺乏风险意识，没有考虑行业经济周期对项目效益的影响，从而在成本控制和营销模式等方面做出积极应对预案。

公司管理层出现了过度自信、锚定效应和损失厌恶等行为偏差。王中军和王中磊曾放出豪言实现"迪士尼"梦，对国际顶级 IP 进行锚定，在项目亏损时并未及时止损。

（2）首先进行更充分的项目投资决策分析，进行敏感性分析以便指出在哪些方面需要收集更多的信息，帮助企业进行科学的定量和定性分析。其次应该考虑投资的灵活性，分步骤地开展项目投资，以便利用项目执行期间可能出现的新机遇，进而获得投资弹性。最后通过培训和方法改进来规避管理层的行为偏差。

规避投资决策风险需要强化约束机制、严格可行论证、注重全过程管控和明确权责统一。

C 第 8 章

Chapter 8 成本管理：目标、责任与标准

学习目标

1. 了解目标成本、责任成本、标准成本的概念，掌握目标成本、责任成本、标准成本的制定方法。

2. 理解目标成本、责任成本、标准成本之间的逻辑关系。

3. 掌握目标成本的确定和分解方法，为目标成本管理奠定基础。

4. 掌握责任成本确定和归集的原则、方法，为标准成本管理奠定基础。

5. 掌握标准成本制定及各种成本差异计算的方法，了解成本差异产生的原因，并能在成本控制中有效使用。

学习指导

一、学习重点

1. 了解目标成本与企业战略的关系，掌握目标成本确定和分解的方法。

2. 了解责任成本的内涵，掌握各责任中心责任成本的确定原则和方法。

3. 了解标准成本的种类及其在成本控制中的作用。

4. 了解成本差异产生的原因，并熟练掌握各种成本差异的计算、分析和管理。

二、学习难点

1. 企业战略是如何通过目标成本确定、责任成本划分、标准成本制定予以落实和实现的。

2. 目标成本的确定、责任成本的划分、标准成本的制定。

3. 根据差异产生的原因进行有效的成本控制。

练习题

一、名词解释

1. 目标成本　　　　　　　　　　2. 责任成本
3. 责任中心　　　　　　　　　　4. 标准成本管理
5. 标准成本　　　　　　　　　　6. 理想标准成本
7. 现实标准成本　　　　　　　　8. 正常标准成本
9. 成本差异　　　　　　　　　　10. 直接材料成本差异
11. 直接人工成本差异　　　　　　12. 变动制造费用成本差异
13. 固定制造费用成本差异

第 8 章判断题
即测即评

二、判断题

1. 分解给各个单位和个人的目标成本必须是该单位和个人可以控制的成本。（　　）

2. 成本中心的可控成本一定发生在该中心。（　　）

3. 所谓责任成本，是指各责任中心有权力也有能力控制和调节的成本。可控性是划分责任成本、确定成本责任的基本标志。（　　）

4. 任何成本中心都对成本负有责任。（　　）

5. 不直接决定某项成本的人员，即使对该项成本的支出能够施加重要影响，也不应对该项成本承担责任。（　　）

6. 当生产部门的实际产量超过（或低于）正常生产能力时，其折旧费的相对节约（或超支）差异表现为生产部门对折旧费承担的责任，即生产部门不负责折旧费的预算差异，但对其产量差异负责。（　　）

7. 标准成本是在正常生产经营下应该实现的，作为控制成本开支、衡量工作效率、评价成本效益的依据和尺度的一种目标成本。（　　）

8. 制造费用差异按其形成原因可分为价格差异和数量差异。（　　）

9. 固定制造费用标准分配率 $= \dfrac{\text{固定制造费用预算金额}}{\text{实际工时}}$。（　　）

10. 材料成本脱离标准的差异、人工成本脱离标准的差异、制造费用脱离标准的差异，都可以分为"量差"和"价差"两部分。（　　）

11. 产品标准成本＝产品计划产量×单位产品标准成本。（　　）

12. 计算数量差异要以标准价格为基础。（　　）

13. 固定制造费用预算应就每个部门及明细项目分别进行编制，实际固定制造费用也应该就每个部门及明细项目分别记录。（　　）

14. 正常标准成本与现实标准成本不同的是，它需要根据现实情况的变化不

断进行修改，而现实标准成本则可以保持较长一段时间固定不变。　（　　）

15. 标准成本法是一种成本核算与成本控制相结合的方法。　（　　）

16. 在制定标准成本时，理想标准成本因为要求高而成为最合适的一种标准
成本。　（　　）

三、单项选择题

第 8 章单项选择题
即测即评

1. 以产品销售收入减去产品销售税金和目标利润来确定
目标成本的方法是（　　）。

 A. 加算法   B. 倒算法

 C. 对比法   D. 回归分析法

2. 把企业的目标成本分解给各个车间和职能部门，成为
这些车间和职能部门的目标成本。然后，各个车间和职能部
门再将其目标拆开分解给各个班组的方法是（　　）。

 A. 按组织结构分解   B. 按产品结构分解

 C. 按成本形成过程分解   D. 按成本项目和成本特性分解

3. 由于生产安排不当、计划错误、调度失误等造成的损失，应由（　　）
负责。

 A. 财务部门   B. 劳动部门

 C. 生产部门   D. 采购部门

4. 若企业的生产部门、采购部门都是成本中心，由于材料质量不合格造成
的生产车间超过消耗定额成本差异部分应由（　　）负担。

 A. 生产车间   B. 采购部门

 C. 生产车间与采购部门共同承担   D. 企业总部

5. 直接人工工时消耗量差异是指（　　）消耗量脱离标准工时消耗量所产
生的差异。

 A. 实际工时   B. 定额工时

 C. 预算工时   D. 正常工时

6. 直接人工的小时工资率标准，在采用计时工资制下就是（　　）。

 A. 实际工资率   B. 标准工资率

 C. 定额工资率   D. 正常的工资率

7. 计算数量差异要以（　　）为基础。

 A. 标准价格   B. 实际价格

 C. 标准成本   D. 实际成本

8. 材料价格差异通常应由（　　）负责。

 A. 财务部门   B. 生产部门

 C. 人事部门   D. 采购部门

9. 标准成本法在泰勒的生产过程标准化思想影响下，于 20 世纪 20 年代产生于（　　）。

A. 英国　　　　　　　　　　B. 法国

C. 美国　　　　　　　　　　D. 日本

10. 理想标准成本是在（　　）可以达到的成本水平，是排除了一切失误、浪费和资源闲置等因素，根据理论上的耗用量、价格以及满负荷生产能力制定的标准成本。

A. 正常生产经营条件下　　　B. 最佳工作状态下

C. 现有的生产经营条件下　　D. 平均先进的生产条件下

11. 实际工时与预算工时之间的差异造成的固定制造费用差异为固定制造费用（　　）。

A. 开支差异　　　　　　　　B. 效率差异

C. 生产能力利用差异　　　　D. 数量差异

12. 对固定制造费用的分析和控制通常是通过编制（　　）与实际发生数对比来进行的。

A. 固定制造费用预算　　　　B. 固定制造费用计划

C. 固定制造费用标准　　　　D. 固定制造费用定额

13. 为了计算固定制造费用标准分配率，必须设定一个（　　）。

A. 标准工时　　　　　　　　B. 定额工时

C. 预算工时　　　　　　　　D. 实际工时

四、多项选择题

第 8 章多项选择题
即测即评

1. 目标成本是企业在生产经营活动开始之前为产品（或工程项目）制定的预期成本，是根据（　　）确定的在预算时期内必须达到的成本水平。

A. 竞争战略　　　B. 产品性能

C. 产品质量　　　D. 产品价格

E. 目标利润

2. 目标成本的确定方法主要有（　　）。

A. 加算法　　　　　　　　　B. 倒算法

C. 对比法　　　　　　　　　D. 回归分析法

E. 公式法

3. 目标成本控制就是要根据目标成本的要求，（　　）。

A. 规定各种定额和标准　　　B. 采取各种控制方法和手段

C. 按照定额和标准进行控制　D. 对照检查，发现差异

E. 及时加以调整

4. 成本中心是只对（　　）负责的责任中心。

A. 支出　　　　　　　　　　　　B. 成本

C. 费用　　　　　　　　　　　　D. 收入和利润

E. 投资

5. 各成本中心发生的可控成本包括（　　）。

A. 各成本中心直接发生的责任成本

B. 发生在下属成本中心，而根据责任归属应该由该中心承担责任的成本

C. 发生在平级成本中心，而根据责任归属应该由该中心承担责任的成本

D. 发生在利润中心的直接成本

E. 各成本中心直接发生的成本

6. 应从采购部门责任成本中扣除的相关项目有（　　）。

A. 材料物资盘盈、盘亏、毁损等

B. 由于企业调整生产计划等原因造成材料报废

C. 由于企业调整生产计划等原因造成超时储存

D. 为保证特殊需要而进行紧急订货等原因所追加的成本

E. 为保证特殊需要而进行紧急订货等原因所增加的损失

7. 下列各企业内部单位中可以成为责任中心的有（　　）。

A. 子公司　　　　　　　　　　　B. 地区工厂

C. 车间　　　　　　　　　　　　D. 班组

E. 个人

8. 甲公司生产车间发生的折旧费用对于（　　）来说是可控成本。

A. 公司厂部　　　　　　　　　　B. 生产车间

C. 生产车间下属班组　　　　　　D. 辅助生产车间

E. 设备管理部门

9. 下列有关成本中心的说法中，正确的有（　　）。

A. 成本中心不对生产能力利用程度负责

B. 成本中心不进行设备购置决策

C. 成本中心不对固定成本负责

D. 成本中心应严格执行产量计划，不应超产或减产

E. 成本中心不对工时利用程度负责

10. 下列说法中正确的有（　　）。

A. 下级成本中心的可控成本必然为上级成本中心可控

B. 利润中心的可控成本必然为投资中心可控

C. 某项成本是否为某一责任中心的可控成本，不仅取决于该责任中心的业
务内容，还取决于该责任中心所管辖的业务内容的范围

D. 凡是直接成本均为可控成本

E. 本部门不可控则其他部门必然可控

11. 正常标准成本是在正常生产经营条件下应该达到的成本水平，是根据（   ）制定的标准成本。

A. 正常的耗用水平　　　　　　B. 正常的价格

C. 正常的生产经营能力利用程度　　D. 预算价格

E. 预计消耗

12. 在制定标准成本时，根据要求达到效率的不同，应采取的标准有（   ）。

A. 理想标准成本　　　　　　B. 正常标准成本

C. 现实标准成本　　　　　　D. 定额成本

E. 历史成本

13. 构成直接材料成本差异的基本因素有（   ）。

A. 效率差异　　　　　　B. 开支差异

C. 数量差异　　　　　　D. 价格差异

E. 时间差异

14. 固定制造费用的三种成本差异是指（   ）。

A. 效率差异　　　　　　B. 开支差异

C. 生产能力利用差异　　　　D. 价格差异

E. 数量差异

15. 材料价格差异的原因可能包括（   ）。

A. 进料数量未按经济订货量办理

B. 购入低价材料

C. 折扣期内延期付款，未获优惠

D. 增加运输途中耗费

E. 发生退货

16. 影响材料采购价格的各种因素有（   ）。

A. 采购批量　　　　　　B. 运输工具

C. 交货方式　　　　　　D. 材料质量

E. 采购人员

17. 影响人工工时利用的因素是多方面的，包括（   ）。

A. 生产工人的技术水平　　　　B. 生产工艺的选择

C. 原材料的质量　　　　　　D. 设备的使用状况

E. 资金状况

18. 正常标准成本是在正常生产经营条件下应该达到的成本水平。这种标准成本通常反映过去一段时期（   ）。

A. 实际成本水平的平均值   B. 该行业价格的平均水平

C. 平均生产能力   D. 最高生产能力

E. 平均技术水平

19. 成本差异按成本的构成可以分为（   ）。

A. 直接材料成本差异   B. 直接人工成本差异

C. 价格差异   D. 数量差异

E. 制造费用差异

20. 影响材料用量差异的因素有（   ）。

A. 材料的质量   B. 采购批量

C. 生产工人技术熟练程度   D. 生产设备状况

E. 供应商选择

21. 造成差异的原因中，应由生产部门负责的有（   ）。

A. 材料质量   B. 生产安排不当

C. 生产工人技术水平低   D. 调度失误

E. 材料价格

22. 造成差异的原因中，应由采购部门负责的有（   ）。

A. 材料质量   B. 材料价格

C. 生产设备状况   D. 供应商的选择

E. 生产工艺

五、简答题

1. 如何按成本形成过程分解目标成本？

2. 确定各成本中心的责任成本时，应遵循哪些原则？

3. 标准成本都有哪些？各有哪些作用？

4. 成本差异的种类有哪些？各说明什么问题？

5. 成本差异的局限性有哪些？

六、计算题

1. 中盛公司生产甲产品需要使用一种直接材料 A。本期生产甲产品 1 000 件，耗用材料为 9 000 千克，A 材料的实际价格为每千克 200 元。假设 A 材料的标准价格为每千克 210 元，单位甲产品的标准用量为 10 千克。

要求：计算 A 材料的成本差异。

2. 中盛公司本期预算固定制造费用为 5 000 元，预算工时为 2 000 小时，实际耗用工时 1 400 小时，实际固定制造费用为 5 600 元，标准工时为 2 100 小时。

要求：计算固定制造费用成本差异。

3. 某厂本月有关预算资料及执行结果如表 8-1 所示。

表8-1　预算资料及执行结果

项目	预算资料	执行结果
固定制造费用（元）	4 000	3 980
变动制造费用（元）	500	510
总工时（小时）	2 500	2 200

已知标准工时为2 000小时，变动制造费用标准分配率为0.25。

要求：计算变动制造费用差异和固定制造费用差异。

练习题参考答案

一、名词解释

1. 目标成本，是企业在生产经营活动开始之前为产品（或工程项目）制定的预期成本，是根据产品的性能、质量、价格和目标利润确定的企业在预算时期内必须达到的成本水平。

2. 责任成本，是以责任中心为成本计算对象的可控成本，是考评各责任中心经营业绩和职责履行情况的重要依据。

3. 责任中心，是按既定职责范围和权力确定责任的内部单位，按照分权管理的原则可以分为成本中心、利润中心和投资中心三类。

4. 标准成本管理，是指通过制定标准成本，将标准成本与实际成本进行比较获得成本差异，并对成本差异进行因素分析，以加强成本控制的一种成本计算方法。

5. 标准成本，是在正常生产经营条件下应该实现的，作为控制成本开支、衡量工作效率、评价成本效益的依据和尺度的一种目标成本。

6. 理想标准成本，是在最佳工作状态下可以达到的成本水平，是排除了一切失误、浪费和资源闲置等因素，根据理论耗用量、价格以及满负荷生产能力制定的标准成本。

7. 现实标准成本，是在现有的生产条件下应该达到的成本水平，是根据现在的价格水平、生产耗用量以及生产经营能力利用程度而制定的标准成本。现实标准成本最接近实际成本，最切实可行，通常认为是员工经过努力可以达到的标准，并为管理层提供衡量的依据。

8. 正常标准成本，是在正常生产经营条件下应该达到的成本水平，是根据正常的耗用水平、正常的价格和正常的生产经营能力利用程度制定的标准成本。

9. 成本差异，是指实际成本与标准成本之间的差额，也称标准差异。成本差异按成本的构成，分为直接材料成本差异、直接人工成本差异和制造费用差异。其中，制造费用差异（即间接制造费用差异）按其形成的原因和分析方法的不同，又可分为变动制造费用差异和固定制造费用差异两部分。

10. 直接材料成本差异，是指实际产量下的直接材料实际成本总额与直接材料标准成本总额之间的差额。

11. 直接人工成本差异，是指实际产量下的直接人工实际成本总额与直接人工标准成本总额之间的差额。

12. 变动制造费用成本差异，是指实际产量下的实际变动制造费用总额与标准变动制造费用之间的差额。变动制造费用是变动制造费用分配率与直接人工工时的乘积，因此变动制造费用差异包括变动制造费用分配率差异和变动制造费用效率差异。

13. 固定制造费用成本差异，是指一定期间的实际固定制造费用总额与标准固定制造费用总额之间的差额。根据固定制造费用不随业务量的变动而变动的特点，为了计算固定制造费用标准分配率，必须设定一个预算工时，实际工时与预算工时之间的差异造成的固定制造费用差异为固定制造费用生产能力利用差异。因此，固定制造费用差异包括开支差异、生产能力利用差异和效率差异。

二、判断题

1. √	2. ×	3. √	4. √
5. ×	6. √	7. √	8. ×
9. ×	10. ×	11. ×	12. √
13. √	14. ×	15. √	16. ×

三、单项选择题

1. B	2. A	3. C	4. B
5. A	6. B	7. A	8. D
9. C	10. B	11. C	12. A
13. C			

四、多项选择题

1. ABCDE	2. ABCDE	3. ABCDE	4. BC
5. ABC	6. BCDE	7. ABCDE	8. AB
9. BD	10. ACDE	11. ABC	12. ABC
13. CD	14. ABC	15. ABD	16. ABCD
17. ABCD	18. ABCE	19. ABE	20. ACD
21. BCD	22. ABD		

五、简答题

1. 如何按成本形成过程分解目标成本？

答：由于产品成本的形成要经过供应过程、生产过程和销售过程，在每一过程中成本都有不同的表现形式，即供应过程的采购成本、生产过程的制造成本、销售过程的销售成本，因此产品目标成本可以按成本的形成过程进行分解。这种分解方法有利于按成本形成过程来控制成本。

2. 确定各成本中心的责任成本时，应遵循哪些原则？

答：应遵循可控原则与责任归属原则。

各成本中心的可控成本分为两种情况：一是各成本中心直接发生的责任成本；二是发生在其他成本中心，而根据责任归属原则应该由该中心承担责任的成本。如供水部门、供电部门未能保证正常水电供应而导致生产部门的停工损失、废品损失等，尽管成本发生在其他部门，但责任应该由供水部门、供电部门承担。于是，相关损失应该通过责任转账方式追溯到供水部门、供电部门。

判别成本费用的责任归属可按以下原则：某责任中心通过自己的行动能有效影响一项成本的数额，它就应对这项成本负责；某责任中心有权决定是否使用某种资产或劳务，它就应对这些资产或劳务的成本负责；某管理人员虽然不能直接决定某项成本，但是上级要求他参与有关事项，从而对该项支出施加了重要影响，则他对该项成本也要承担责任。

3. 标准成本都有哪些？各有哪些作用？

答：标准成本是在正常生产经营条件下应该实现的，作为控制成本开支、衡量工作效率、评价成本效益的依据和尺度的一种目标成本。根据要求达到的效率的不同，标准成本主要分为以下三种。

（1）理想标准成本。理想标准成本是在最佳工作状态下可以达到的成本水平，是排除了一切失误、浪费和资源闲置等因素，根据理论耗用量、价格以及满负荷生产能力制定的标准成本。理想标准成本指出了企业努力的方向和目标。

（2）正常标准成本。正常标准成本是在正常生产经营条件下应该达到的成本水平，是根据正常的耗用水平、正常的价格和正常的生产经营能力利用程度制定的标准成本。正常标准成本是一种可以在较长时间采用的标准成本。

（3）现实标准成本。现实标准成本是在现有的生产条件下应该达到的成本水平，是根据现在的价格水平、生产耗用量以及生产经营能力利用程度制定的标准成本。现实标准成本最接近实际成本，最切实可行，通常认为是员工经过努力可以达到的标准，并为管理层提供衡量的依据。

4. 成本差异的种类有哪些？各说明什么问题？

答：成本差异按成本的构成，分为直接材料成本差异、直接人工成本差异和制造费用差异。其中，制造费用差异（即间接制造费用差异）按其形成的原因和分析方法的不同，又可分为变动制造费用差异和固定制造费用差异两部分。直接材料成本差异、直接人工成本差异和变动制造费用差异都属于变动成本差异，决定变动成本数额的因素是价格和耗用数量。因此，直接材料成本差异、直接人工成本差异和变动制造费用差异按其形成原因，可分为价格差异和数量差异。固定制造费用不随业务量的变动而变动，其差异可分为开支差异、生产能力利用差异和效率差异。

5. 成本差异的局限性有哪些？

答：(1) 成本差异不能有效说明成本差异产生的原因，尤其无法说明成本差异的效果（即优劣）。因此，不能简单根据成本的超支或节约说明成本管理工作的好坏。(2) 不能公正评价各责任部门的生产经营效益。各项成本差异反映业绩和问题，这种计算可能因负责数量差异的部门（如生产部门）减少一部分差异责任，而导致负责价格差异的部门（如采购部门）额外承担价量混合差异责任，不利于业绩评定和责任追究。(3) 成本控制重点发生偏差。对差异的计算分析，管理部门偏重于对价格差异的控制，忽视对数量差异的控制。但价格差异因素为不可控因素，数量差异因素才是成本控制的重点。

六、计算题

1. 答：

A 材料的成本差异计算如下：

$$材料价格差异 = (200 - 210) \times 9\,000 = -90\,000(元)$$

$$材料数量差异 = 210 \times (9\,000 - 10\,000) = -210\,000(元)$$

$$材料成本差异 = 200 \times 9\,000 - 210 \times 10\,000 = -300\,000(元)$$

或

$$= -90\,000 + (-210\,000) = -300\,000(元)$$

2. 答：

(1) 固定制造费用标准分配率和实际分配率计算如下：

$$固定制造费用标准分配率 = 5\,000/2\,000 = 2.5$$

$$固定制造费用实际分配率 = 5\,600/1\,400 = 4.0$$

(2) 固定制造费用开支差异、效率差异和生产能力利用差异计算如下：

$$固定制造费用开支差异 = 5\,600 - 5\,000 = 600(元)$$

$$固定制造费用效率差异 = 2.5 \times (1\,400 - 2\,100) = -1\,750(元)$$

$$固定制造费用生产能力利用差异 = 2.5 \times (2\,000 - 1\,400) = 1\,500(元)$$

$$标准固定制造费用 = 2.5 \times 2\,100 = 5\,250(元)$$

所以

$$固定制造费用成本差异 = 5\,600 - 5\,250 = 350(元)$$

或

$$= 600 - 1\,750 + 1\,500 = 350(元)$$

3. 答：

(1) 变动制造费用差异。

变动制造费用总差异＝510－（2 000×0.25）＝10(元)

变动制造费用效率差异＝0.25×（2 200－2 000）＝50(元)

变动制造费用分配率差异＝510－（2 200×0.25）＝－40(元)

（2）固定制造费用差异。

固定制造费用标准分配率＝4 000/2 500＝1.6

固定制造费用开支差异＝3 980－4 000＝－20(元)

固定制造费用效率差异＝1.6×（2 200－2 000）＝320(元)

固定制造费用生产能力利用差异＝1.6×（2 500－2 200）＝480(元)

固定制造费用差异＝－20＋320＋480＝780(元)

教材习题解析

一、思考题

1. 如何基于企业战略及经营目标制定目标成本？

答：成本规划是制定目标成本的前提，旨在为具体的成本管理提供战略思路和方法设计。成本规划是根据企业的竞争战略和所处的经济环境制定的，内容主要包括：确定成本管理的重点，规划控制成本的战略途径，提出成本计算的精度要求，以及确定业绩评价的目的和标准（成本规划流程如图 8-1 所示）。

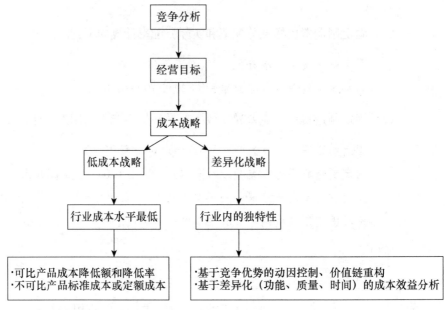

图 8-1　成本规划流程

可见，竞争分析形成经营目标，进而形成企业的成本战略。而不同的成本战略对成本管理的要求是不一样的，目标成本的内涵也就不同。

2. 目标成本的分解、责任的落实、标准成本控制之间如何才能有效结合？

答：在成本控制目标确定的情况下，成本控制的核心是将成本控制目标转化为目标成本后以责任成本的形式落实下去进行成本控制（成本控制流程如图 8 - 2 所示）。一般而言，目标成本是按产品确定的（即有效市场销售价格和既定目标利润），目的在于确定和控制产品的盈利性；而责任成本通常是按责任中心确定的（即按可控原则和追溯原则确定），目的在于保障目标成本的实现，确定企业各单位、各部门责任者的责任。因此，目标成本应按责任中心进行再分类，以便于归集、分配到各责任中心。分配到各责任中心的可控成本（或费用）再根据管理需要，制定标准（或定额、预算）成本，进行标准控制。

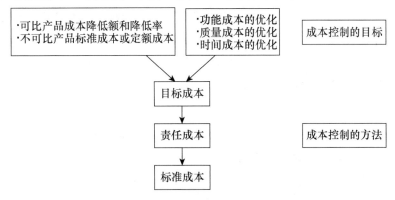

图 8 - 2　成本控制流程

3. 责任成本应该如何确认和归集？

答：各成本中心的可控成本分为两种情况：一是各成本中心直接发生的责任成本；二是发生在其他成本中心，而根据责任归属原则应该由该成本中心承担责任的成本。如供水部门、供电部门未能保证正常水电供应而导致生产部门的停工损失、废品损失等，尽管成本发生在其他部门，但责任应该由供水部门、供电部门承担。于是，相关损失应该通过责任转账方式追溯到供水部门、供电部门。被追溯的责任成本主要有：本中心产生的废品在后续生产步骤中被发现而应负担的损失，包括该废品在本中心的生产成本及后续生产部门生产过程中追加的成本；本中心造成的在其他成本中心发生的损失；未能按生产计划均衡生产致使半成品或产成品供应中断，而导致后续生产部门发生的停工损失或产品销售的违约损失；设备使用不当而造成的各方面的损失等。

因此，某责任中心通过自己的行动能够有效影响一项成本的数额，它就应对这项成本负责；某责任中心有权决定是否使用某种资产或劳务，它就应对这些资产或劳务的成本负责；某管理人员虽然不能直接决定某项成本，但是上级要求他参与有关事项，从而对该项支出施加了重要影响，则他对该项成本也要承担责任。

各成本中心之间相互提供原材料、劳务和半成品供应的，为正确划分成本责任，应确定恰当的内部结算价格，以排除各成本中心之间成本超支或节约的相互影响。

4. 成本差异是越大越好还是越小越好？

答：成本差异既不是越大越好也不是越小越好，而是适合标准才好。因为成本的发生是为了完成预定任务，而完成预定任务一定要消耗相应的资源，从而形成成本。损害预定任务（如降低质量），虽然可以降低成本（短期、眼前利益），但一定会给企业造成更大的损害（长期、长远利益）。而超出预定任务（如质量过剩），也不会给企业带来更多的利益，因为顾客不会为质量过剩付款。

5. 说明变动成本差异产生的原因，阐述分析成本差异应注意的事项。

答：直接材料成本差异、直接人工成本差异和变动制造费用差异都属于变动成本差异，决定变动成本数额的因素是价格和耗用数量。因此，变动成本控制应分别按直接材料成本、直接人工成本和变动制造费用三个项目，从价格和数量两个方面进行。

分析成本差异时应注意以下几点：（1）不能简单依据成本差异的方向（节约或超支）来判断优劣和好坏，如节约就好，超支就不好。（2）要确定成本差异的责任部门。（3）要明确成本差异产生的原因并确定责任。

6. 材料数量差异永远是生产主管的责任。你是否同意这句话？为什么？

答：不同意。责任发生地不一定是责任承担地。因为影响材料消耗量的因素很多，包括生产工人的技术熟练程度和对工作的责任感、材料的质量、生产设备的状况等。一般来说，材料消耗量超过标准大多是工人粗心大意、缺乏培训或技术素质较低等原因造成的，应由生产部门负责。但材料数量差异有时也会由其他部门造成。例如，采购部门购入了低质量的材料，导致生产部门生产时用料过多，由此产生的材料数量差异应由采购部门负责。再如，由于设备管理部门的原因致使生产设备不能完全发挥其生产能力，由此产生的材料数量差异，则应由设备管理部门负责。找出和分析造成差异的原因是进行有效控制的基础。

7. 试述固定制造费用成本差异产生的原因，阐述分析成本差异应注意的事项。

答：固定制造费用属于固定成本，在一定业务量范围内不随业务量的变动而变动。固定制造费用成本差异不能简单地分为价格差异和数量差异两种类型，而是分为开支差异、生产能力利用差异和效率差异。因此，固定制造费用控制应分别从开支、生产能力利用差异和效率差异三个方面进行。

分析成本差异应注意以下几点：（1）与变动制造费用成本差异分析同理，按照"二八"原则对数量占 20%但金额占 80%的项目逐一进行分析，以确保重点控制的有效性。（2）根据经验数据、预算数据和管理要求确定各明细项目的标准，编制预算、进行控制。如按定岗、定员、定编的要求确定员工的类别、数量、工资标准等，为工资费用的控制提供依据。（3）将固定制造费用各明细项目的固定预算与实际发生数进行对比分析，按成本效益原则对差异进行评价，并采取必要的控制措施。

8. 目标成本、责任成本、标准成本如何结合才能构成有效的成本控制系统？

答：首先，目标成本、责任成本、标准成本的有效结合应建立在企业战略基础之上，不同企业战略下三者结合的内容、方式是不一样的；其次，三者的结合要考虑企业的环境和管理需要；最后，目标成本、责任成本、标准成本有着不同的运用条件。

二、练习题

1. 答：

　（1）固定制造费用标准分配率＝84 000÷33 600＝2.5

　　　固定制造费用实际分配率＝85 880÷33 800＝2.54

　　　固定制造费用开支差异＝85 880－84 000＝1 880（元）

　（2）固定制造费用生产能力利用差异＝2.5×（33 600－33 800）＝－500（元）

　（3）固定制造费用效率差异＝2.5×（33 800－31 200）＝6 500（元）

　（4）固定制造费用差异＝1 880－500＋6 500＝7 880（元）

2. 答：

（1）计算如下：

　　　直接材料价格差异＝（36 480÷4 800－7）×4 840＝2 904（元）

　　　直接材料数量差异＝7×（4 840－965×5）＝105（元）

　　　直接人工工资率差异＝（9.2－9）×4 000＝800（元）

　　　直接人工工时消耗量差异＝9×（4 000－965×4）＝1 260（元）

　　　变动制造费用分配率差异＝11 900－3×4 000＝－100（元）

　　　变动制造费用效率差异＝3×4 000－3×965×4＝420（元）

　　　固定制造费用开支差异＝19 800－5×1 000×4＝－200（元）

　　　固定制造费用生产能力利用差异＝5×1 000×4－5×4 000＝0

　　　固定制造费用效率差异＝5×4 000－5×965×4＝700（元）

（2）一般来说，材料消耗量超过标准大多是工人粗心大意、缺乏培训或技术素质较低等原因造成的，应由生产部门负责，但材料数量差异有时也会由其他部门造成。例如，采购部门购入了低质量的材料，导致生产部门生产时用料过多；再如，由于设备管理部门的原因致使生产设备不能完全发挥其生产能力。直接人工工资率差异可能是由于生产过程中工资级别较高、技术水平较高的工人从事了要求较低的工作，从而造成了工资费用超支。

（3）数量差异在固定制造费用中应当被确定为固定制造费用效率差异，反映了实际工时和标准工时在标准分配率下对成本的差异影响。该差异是实际工时脱离标准工时引起的，反映工时的利用程度。该差异的存在可以引导管理人员通过对合理安排员工、有效利用工时来缩小差异。

（4）直接材料成本差异、直接人工成本差异和制造费用差异构成了企业整体的成本差异。直接材料成本差异包括材料价格差异和材料数量差异，这两者的合计数为直接材料成本差异。直接人工成本差异包括直接人工工资率差异和直接人工工时消耗量差异，这两者的合计数为直接人工成本差异。制造费用差异包括变动制造费用差异和固定制造费用差异。变动制造费用差异同样是变动制造费用分配率差异和变动制造费用效率差异的合计。固定制造费用差异则分成三类，开支差异、生产能力利用差异和效率差异。

划分成本差异是为了找出差异的原因并就差异进行责任归属，这样做是为了更有效地进行成本控制。

3. 答：

（1）小刘购进大量原材料是为了获得有利的材料价格差异。这种行为不是价格目标。价格目标不能简单地通过有利或不利差异来衡量，差异是否有利取决于它们发生的原因。

（2）小刘应该被解雇。因为小刘一味地强调达到标准，导致公司购进过多的原材料，造成大量资金被存货占用，增加了存货成本和资金短缺成本，给公司的正常运营造成了不利影响。

C 第 9 章
Chapter 9 作业成本计算法

Chapter 9

学习目标

1. 了解成本计算与成本管理的关系，并基于决策有用性理解和掌握作业成本计算法的相关内容。

2. 理解和掌握作业、作业分类、作业动因、资源动因等重要概念，把握作业成本计算法的理论脉络，为作业成本管理奠定基础。

3. 了解作业成本计算的程序，掌握作业成本计算的基本方法，在此基础上进一步熟练掌握作业成本计算法的应用。

学习指导

一、学习重点

1. 了解企业内外环境对成本结构的影响，并深入理解内部管理要求的细化与作业成本计算法产生的内在联系。

2. 了解和掌握作业成本计算法的理论体系，并准确理解作业成本计算法与传统成本计算法的异同。

3. 准确理解作业的性质、作业的分类及其在管理中的作用。

4. 了解作业成本计算法的基本流程并熟练掌握作业成本计算法的应用。

二、学习难点

1. 要深入理解不同成本分类的作用（成本按可控性分类、成本按对价值的贡献分类等）、不同成本概念之间的关系（如作业成本与可控成本的区别和联系），这是将各种成本计算方法根据不同环境和管理需要进行组合与融合的基础。

2. 在了解和掌握作业成本计算法理论体系的基础上，准确理解作业成本计算法与传统成本计算法的异同，从而将成本计算与成本管理结合起来，并在不同环境中有效地结合应用。

练习题

一、名词解释

1. 资源　　　　　　　　　　2. 作业

3. 作业中心　　　　　　　　4. 制造中心

5. 作业动因　　　　　　　　6. 资源动因

7. 增值作业　　　　　　　　8. 不增值作业

第 9 章判断题
即测即评

二、判断题

1. 在变化的制造环境下，传统成本计算方法计算的产品成本将会歪曲成本信息，甚至使成本信息完全丧失决策相关性。　　　（　　）

2. 作业成本计算法认为，产品成本实际上就是企业为生产该产品的全部作业所消耗资源的总和。　　　　　　　　　　　（　　）

3. 作业成本计算法下的成本项目是按照经济用途设置的。

（　　）

4. 作业成本计算法下的产品成本是完全成本。　　　　（　　）

5. 能增加股东回报的作业称为增值作业。　　　　　　（　　）

6. 作业成本计算法的成本计算对象是产品步骤或订单。（　　）

7. 资源即使被消耗，也不一定都是对形成最终产出有意义的消耗。（　　）

8. 作业中心既是成本汇集中心，也是责任考核中心。　（　　）

9. 制造中心只能生产直接对外销售的产品，不能生产半成品。（　　）

10. 作业成本计算法认为，产品直接消耗资源。　　　（　　）

11. 生产废品的作业是一项不增值作业。　　　　　　（　　）

12. 制造中心既可以依据产品来划分，也可以依据生产步骤来划分。（　　）

13. 资源耗用量的高低与最终的产出量有直接的关系。（　　）

14. 获取决策相关性强的成本信息是作业成本计算法得以产生的理论依据。

（　　）

15. 在作业成本计算法下，产品成本是指制造成本。　（　　）

16. 作业成本计算法强调费用支出的合理性、有效性，而不论其是否与产出直接有关。　　　　　　　　　　　　　　　　　（　　）

17. 企业将无效资源耗费和不增值作业耗费计入期间费用是希望通过作业管理消除这些耗费。　　　　　　　　　　　　　（　　）

18. 作业成本法与传统成本法是相互排斥的。　　　　（　　）

19. 结构性成本动因是指决定企业基础结构的成本动因，往往发生在生产开始之前。　　　　　　　　　　　　　　　　　　　　　　　　　（　　）

20. 执行性成本动因是指决定企业作业程序的成本动因，它是在结构性成本动因确定以后才成立的。　　　　　　　　　　　　　　　　　　　（　　）

三、单项选择题

1. 作业成本计算法把企业看成为最终满足顾客需要而设计的一系列（　　）的集合。

A. 契约　　　　　　　　　　　　B. 作业

C. 产品　　　　　　　　　　　　D. 生产线

2. 在现代制造业中，（　　）的比重极大地增加，结构也彻底发生了改变。

A. 直接人工　　　　　　　　　　B. 直接材料

C. 间接成本　　　　　　　　　　D. 期间费用

3. （　　）是负责完成某一项特定产品制造功能的一系列作业的集合。

A. 作业中心　　　　　　　　　　B. 制造中心

C. 企业　　　　　　　　　　　　D. 车间

4. 服务于每批产品并使每一批产品都受益的作业是（　　）。

A. 专属作业　　　　　　　　　　B. 不增值作业

C. 批别动因作业　　　　　　　　D. 价值管理作业

5. 作业成本计算法下的成本计算程序，首先要确认作业中心，将（　　）归集到各作业中心。

A. 资源耗费　　　　　　　　　　B. 直接材料

C. 直接人工　　　　　　　　　　D. 制造费用

6. 作业成本计算法下对于生产人员的工资，应计入（　　）。

A. 制造费用　　　　　　　　　　B. 期间费用

C. 直接人工　　　　　　　　　　D. 产品成本

7. 采购作业的作业动因是（　　）。

A. 采购次数　　　　　　　　　　B. 采购批量

C. 采购数量　　　　　　　　　　D. 采购员人数

8. 与传统成本计算法相比，作业成本计算法更注重成本信息对决策的（　　）。

A. 有用性　　　　　　　　　　　B. 相关性

C. 可比性　　　　　　　　　　　D. 一致性

9. 从作业成本计算的角度看，（　　）是基于一定的目的、以人为主体、消耗一定资源的特定范围内的工作。

A. 资源　　　　　　　　　　　　B. 作业

C. 作业中心   D. 制造中心

10. 作业成本计算法的决策相关性是指基于作业基础计算出的（   ）能满足企业生产经营决策多方面的需要。

A. 价格信息   B. 产量信息

C. 销售信息   D. 成本信息

11. 作业成本法是把企业消耗的资源按（   ）分配到作业以及把作业收集的作业成本按（   ）分配到成本对象的核算方法。

A. 资源动因、作业动因   B. 资源动因、成本动因

C. 成本动因、作业动因   D. 作业动因、资源动因

12. 企业管理深入到作业层次以后，企业即成了为满足顾客需要而设计的一系列作业的集合体，从而形成了一个由此及彼、由内向外的（   ）。

A. 采购链   B. 作业链

C. 供应链   D. 产品链

13. 下列项目中属于作业性成本动因的是（   ）。

A. 地理位置   B. 产量

C. 整合程度   D. 技术

14. 下列项目中属于产品单位层次作业的是（   ）。

A. 产品设计   B. 折旧

C. 批量采购   D. 产品检验

四、多项选择题

第 9 章多项选择题
即测即评

1. 作业成本计算法的成本计算对象包括（   ）层次。

A. 资源   B. 作业

C. 作业中心   D. 批次

E. 制造中心

2. 作业按照对价值的贡献，分为（   ）。

A. 采购作业   B. 生产作业

C. 增值作业   D. 不增值作业

E. 销售作业

3. 作业应具备的特征包括（   ）。

A. 作业是以人为主体的

B. 作业消耗一定的资源

C. 区分不同作业的标志是作业目的

D. 作业可以分为增值作业和不增值作业

E. 作业的范围可以被限定

4. 划分制造中心的依据可以是（　　）。

A. 生产某一种产品　　　　　　B. 生产某个系族多种产品

C. 生产步骤　　　　　　　　　D. 生产批次

E. 生产车间

5. 作业成本核算的基础是成本驱动因素理论，包括（　　）。

A. 生产经营导致作业发生　　　B. 消耗资源导致成本发生

C. 间接成本按成本动因分配　　D. 直接成本直接计入

E. 间接成本分配计入

6. 作业成本计算法认为，产品成本应是真正意义上的完全成本，取决于一个产品所耗用的（　　）。

A. 作业种类　　　　　　　　　B. 每种作业数量

C. 每种作业的单位成本　　　　D. 每种作业的形态

E. 作业中心

7. 传统的成本计算方法把产品成本区分为（　　）。

A. 直接材料　　　　　　　　　B. 直接人工

C. 制造费用　　　　　　　　　D. 生产成本

E. 间接成本

8. 传统制造企业的经营过程习惯地分为（　　）。

A. 材料采购　　　　　　　　　B. 产品设计

C. 产品生产　　　　　　　　　D. 产品销售

E. 售后服务

9. 在作业成本计算法下，价值归集的方向受（　　）限制。

A. 资源种类　　　　　　　　　B. 制造中心种类

C. 作业种类　　　　　　　　　D. 作业中心种类

E. 产品种类

10. 下列项目中属于战略性成本动因的有（　　）。

A. 地理位置　　　　　　　　　B. 产量

C. 整合程度　　　　　　　　　D. 技术

E. 生产能力运用模式

11. 执行性成本动因是指决定企业作业程序的成本动因，主要包括（　　）。

A. 生产能力运用模式　　　　　B. 学习与溢出

C. 联系　　　　　　　　　　　D. 全面质量管理

E. 员工对企业的向心力

12. 下列项目中属于产品批量层次作业的有（　　）。

A. 机器准备　　　　　　　　　B. 原材料处理

C. 生产流程确定　　　　　　D. 设备调试

E. 订单处理

五、简答题

1. 试述作业成本计算法产生的原因。

2. 企业对成本信息的需求主要包括哪几个方面？

3. 在实际操作中，作业成本计算流程有哪几个步骤？

4. 成本动因应该如何选择？

5. 什么是战略性成本动因？它是如何形成的？有什么特点？

6. 什么是联系？联系是如何影响成本的？

7. 确立资源动因的原则是什么？

六、计算题

1. 某企业生产多种机床。其间接成本的分配如表9-1所示。

表9-1　作业衡量参数表

作业名称	作业动因	分配率
材料管理	部件数量	8元/个
加工	机器小时数	68元/小时
装配	装配线小时数	75元/小时
检验	检验小时数	104元/小时

101A型机床每台消耗直接材料3 000元，由50个部件组成，加工消耗12个机器小时，装配消耗15个装配线小时，检验消耗4个检验小时。

要求：计算101A型机床的单位成本。

2. 某小型企业为客户定制产品（部分零件购买，部分零件按客户需要加工）。企业现有员工20人，按加工和装配两个中心组织生产，加工中心月生产能力为800小时，装配中心月生产能力为1 000小时。企业本月生产作业规划资料如表9-2、表9-3、表9-4及表9-5所示。

表9-2　本月生产作业规划

名称	数量（件）	单位材料定额（元）	需用工时定额（小时）		完工情况
			加工	装配	
产品A	100	46	2.5	4	完工
产品B	10	336	50	50	完工

表9-3　本月资源耗费计算表

项目	材料费	工资费	动力费	折旧费	办公费	合计
金额（元）	8 000	10 000	500	3 000	2 000	23 500

表 9 - 4　主要参数及专属费用表

作业参数或费用	订单	计划	采购	加工	装配	搬运	厂部	合计
人员编制（人）	1	1	2	5	7	1	3	20
耗电度数（度）	20	60	20	500	200	100	100	1 000
折旧费（元）	200	200	300	1 000	500	500	300	3 000
办公费（元）	200	200	300	200	200	100	800	2 000

表 9 - 5　作业衡量参数表

作业名称	作业动因	衡量参数	产品消耗		
			产品 A	产品 B	其他
订单	订单份数	10	1	1	8
计划	计划次数	4	1	1	2
采购	采购次数	10	9	1	0
加工	加工小时	750	250	500	0
搬运	搬运次数	25	20	5	0
装配	装配小时	900	400	500	0
厂部	价值				

要求：用作业成本法计算产品 A 和产品 B 的总成本和单位成本。

练习题参考答案

一、名词解释

1. 资源，所有进入作业系统的人力、物力、财力等都属于资源范畴。资源一般分为货币资源、材料资源、人力资源、动力资源等。

2. 作业，是基于一定的目的、以人为主体、消耗一定资源的特定范围内的工作。

3. 作业中心，是负责完成一项特定产品制造功能的一系列作业的集合。作业中心既是成本汇集中心，也是责任考核中心。

4. 制造中心，作为成本计算对象，制造中心的成本实质上指计算制造中心产出的产品的成本。各制造中心只生产一种产品或一个系族多种产品，制造中心的产品是相对于该制造中心而言的，未必是企业的最终产品。

5. 作业动因，是指各个作业被最终产品或服务消耗的方式和原因。作业动因是将作业库成本分配到产品或服务的标准，也是将作业耗费与最终产出相连接的中介。

6. 资源动因，是指资源被各作业消耗的方式和原因。资源动因反映了作业对资源的消耗状况，因而是把资源耗费价值分解到各作业的依据。

7. 增值作业，是指能给顾客带来附加价值的作业。

8. 不增值作业，是指那些虽然消耗资源，但其消耗并不产生效益，对制造产品并没有做出贡献的作业。

二、判断题

1. √	2. √	3. ×	4. √
5. ×	6. ×	7. √	8. √
9. ×	10. ×	11. √	12. √
13. ×	14. √	15. ×	16. √
17. √	18. ×	19. √	20. √

三、单项选择题

1. B	2. C	3. A	4. C
5. A	6. C	7. C	8. A
9. B	10. D	11. A	12. B
13. B	14. B		

四、多项选择题

1. ABCE	2. CD	3. ABCDE	4. ABC
5. AB	6. ABC	7. ABC	8. ACD
9. AD	10. ACD	11. ACDE	12. ABDE

五、简答题

1. 试述作业成本计算法产生的原因。

答：现代制造业的两个特点直接引发了作业成本计算法的产生：一是作业观念已引起管理上的重视；二是制造过程中间接费用的比重和结构发生了很大的变化。

一方面，20 世纪 70 年代以来，随着社会化大生产和劳动生产率的迅速提高，竞争日趋激烈，买方市场逐步形成，要求企业提供更加多样化和更具个性化的产品和服务。市场需求的变化对传统的生产组织形式提出了挑战。企业采用弹性制造系统对需求做出迅速反应，生产工序可以根据顾客的需要进行调整。企业采用适时制生产方式，降低成本，增加利润，适时制要求企业内部不同工序和环节必须紧密相扣，适时相接。这一切都要求成本管理深入到作业层次，把企业生产工序和环节视为对最终产品提供服务的作业，把企业看成为最终满足顾客需要而设计的一系列作业的集合。这时，降低成本工作的重点在于分析、区分作业类型并且衡量各种作业所耗资源的价值。成本会计的目标呈现多元化，从最初耗费各种形态的资源，到作业、作业中心、制造中心乃至最后的产品等都是成本计算的直接对象，显然，传统的成本计算方法很难满足如此多层次的计算目标。所以说，作业观念引起了成本管理要求的变化，促进了作业成本计算法的产生。

另一方面，现代制造业中，间接费用的比重极大地增加。同时，间接费用的结构和可归属性也彻底发生了改变。这时的间接费用并不直接与生产过程相关，许多费用甚至完全发生在制造过程以外，如组织协调生产过程费用。这种结构的间接费用在性质上已经和传统生产条件下的制造费用有所不同，加上现代制造业自动化程度日益提高，直接人工成本极大减少，再用传统的方法将间接费用分配给最终产品或劳务就显得很不合理。间接费用比重和结构的变化也促进了作业成本计算法的产生。

2. 企业对成本信息的需求主要包括哪几个方面？

答：在现代制造业中，企业对成本信息的需求是多元化的。主要包括：

（1）成本信息应能够相对准确地确定期末存货的价值，从而有助于提供企业的财务状况信息；

（2）成本信息应能够相对准确地确定已销售商品成本，从而有助于核定企业的期间损益；

（3）在企业按照不同需求层次组织多品种产品生产时，成本信息应有助于确定不同需求层次的产品价格、不同的产品价格以及某些特殊用户订货产品的价格；

（4）成本信息应能够揭示成本变动的原因，从而有助于针对原因为进一步优化产品成本提供依据。

3. 在实际操作中，作业成本计算流程有哪几个步骤？

答：（1）确认和识别作业。

（2）将各种资源耗费归集、分配到相同性质的作业成本库中。

（3）选择科学、合理的成本动因作为成本分配率的基准。

（4）计算作业成本库的成本分配率。将该作业成本库归集的费用除以该作业的数量，即可计算成本分配率（即单位作业成本）。

（5）计算成本计算对象的成本。把作业库归集的成本按每一成本计算对象（如产品或服务）使用作业的数量分配到成本计算对象（如产品或服务）上去，形成成本计算对象（如产品或服务）的成本。如果成本计算对象是产品，则

$$产品成本 = \sum（作业 \times 该作业的数量 \times 该作业的单位作业成本）$$

4. 成本动因应该如何选择？

答：成本动因的选择标准是：

（1）成本动因与资源消耗及（或）支持业务之间必须具有合理的因果关系；

（2）有关成本动因的数据必须是可获得的。

5. 什么是战略性成本动因？它是如何形成的？有什么特点？

答：战略性成本动因包含结构性成本动因和执行性成本动因。结构性成本动因是指决定企业基础结构的成本动因，包括规模、整合程度、学习与溢出、地理位置和技术。执行性成本动因是指决定企业作业程序的成本动因，包括生产能力

运用模式、联系、全面质量管理和员工对企业的向心力。

战略性成本动因形成往往需要较长时间，而且一旦确定就很难改变；同时，这些因素往往发生在生产开始之前。执行性成本动因是在结构性成本动因确定以后才成立的。

战略性成本动因具有以下特点：（1）与企业的战略密切相连。（2）对成本的影响更长期、更持久、更深远。（3）与作业性成本动因相比，其形成与改变都较为困难。

6. 什么是联系？联系是如何影响成本的？

答：所谓联系，是指各种价值活动之间的关联关系，这种关联关系可分为两类：

（1）企业内部联系。企业内部各种价值活动之间的联系遍布整条价值链。例如，采购、生产、销售之间的联系；生产作业和内部后勤之间的联系；广告宣传和直接上门推销之间的联系；品质控制和售后服务之间的联系。针对相互联系的活动，企业可以采取协调和最优化两种策略来提高效率或降低成本。所谓协调，是指通过改善企业内部各车间、各部门之间的关系，使各项活动配合融洽，信息沟通充分，从而使整体作业效率最高。例如，改善生产和采购协调可以降低库存和库存成本。最优化则是通过工作流程的重整和工作品质的提高，提高工作效率，进而降低成本。

（2）垂直联系。垂直联系反映的是企业活动与供应商、销售渠道之间的相互依存关系，这些联系会影响企业的成本结构和成本水平。

7. 确立资源动因的原则是什么？

答：（1）某一项资源耗费能直观地确定为某一特定产品所消耗，则直接计入该特定产品成本，此时资源动因也是作业动因，材料费用的分配往往适用于该原则。（2）如果某项资源耗费可以从发生领域划为各作业所耗费，则可以直接计入各作业成本库，此时资源动因可以认为是"作业专属耗费"。当各作业本身发生的办公费、各作业按实付工资额核定应负担工资费时适用这一原则。（3）如果某项资源耗费在最初消耗时呈混合耗费形态，则需要选择合适的量化依据将资源分解并分配到各作业，这个量化依据就是资源动因，如动力费一般按各作业实际使用的千瓦时数分配等。

六、计算题

1. 答：

（1）直接材料费用的分配。由于材料直接耗用于101A型机床，因此直接计入产品成本。

（2）将各作业中汇集的费用按分配率分配计入101A型机床的成本。

材料管理＝50×8＝400（元）

加工＝12×68＝816(元)

装配＝15×75＝1 125(元)

检验＝4×104＝416(元)

(3) 101A 型机床的单位成本为直接成本与间接成本之和。

101A 型机床单位成本＝3 000＋400＋816＋1 125＋416

＝5 757(元)

2. 答:

(1) 将本月资源耗费分别计入各资源户,即材料费 8 000 元、工资费 10 000 元、动力费 500 元、折旧费 3 000 元、办公费 2 000 元。

(2) 将各资源户归集的价值按资源动因分配计入各作业户。

1) 对于直接材料,按各产品定额耗费价值计入各产品成本户,材料费用超出定额的差异计入期间费用。

生产成本——产品 A＝46×100＝4 600(元)

生产成本——产品 B＝336×10＝3 360(元)

期间费用＝8 000－4 600－3 360＝40(元)

2) 其他费用按资源动因分配,其中工资费按各作业人员编制数分配,动力费按各作业耗电度数分配,折旧费、办公费为专属费用。其分配计算表如表 9 - 6 所示。

表 9 - 6　资源耗费分配计算表　　　　　　金额单位:元

资源项目	金额	分配率	订单	计划	采购	加工	装配	搬运	厂部	合计
工资费	10 000	500 元/人	500	500	1 000	2 500	3 500	500	1 500	10 000
动力费	500	0.5 元/度	10	30	10	250	100	50	50	500
折旧费	3 000	专属	200	200	300	1 000	500	500	300	3 000
办公费	2 000	专属	200	200	300	200	200	100	800	2 000
合计	15 500		910	930	1 610	3 950	4 300	1 150	2 650	15 500

(3) 将各作业汇集费用分配计入各批别产品的成本户。

1) 订单作业。

每份订单成本＝910÷10＝91(元/份)

生产成本——产品 A＝91×1＝91(元)

生产成本——产品 B＝91×1＝91(元)

生产成本——其他＝91×8＝728(元)

2) 计划作业。

每次计划成本＝930÷4＝232.5(元/次)

生产成本——产品 A＝232.5×1＝232.5(元)

生产成本——产品 B＝232.5×1＝232.5(元)

生产成本——其他＝232.5×2＝465(元)

3）采购作业。

每次采购成本＝1 610÷10＝161(元/次)

生产成本——产品 A＝161×9＝1 449(元)

生产成本——产品 B＝161×1＝161(元)

4）加工作业。加工中心月生产能力为 800 小时，本月加工产品实际耗用 750 小时，剩余 50 小时是未使用资源耗用工时，应计入期间费用。

分配率＝3 950÷800＝4.937 5(元/工时)

生产成本——产品 A＝250×4.937 5＝1 234.38(元)

生产成本——产品 B＝500×4.937 5＝2 468.75(元)

期间费用＝3 950－1 234.38－2 468.75＝246.87(元)

5）搬运作业。

每次搬运成本＝1 150÷25＝46(元/次)

生产成本——产品 A＝20×46＝920(元)

生产成本——产品 B＝5×46＝230(元)

6）装配作业。装配中心月生产能力为 1 000 小时，本月装配产品实际耗用 900 小时，剩余 100 小时是未使用资源耗用工时，应计入期间费用。

分配率＝4 300÷1 000＝4.3(元/工时)

生产成本——产品 A＝400×4.3＝1 720(元)

生产成本——产品 B＝500×4.3＝2 150(元)

期间费用＝4 300－1 720－2 150＝430(元)

7）厂部作业。厂部作业是一项价值管理作业，应按照厂部可控费用比例在各批产品和期间费用之间进行分配。除直接材料定额费用之外，其他费用均可以认为是可控费用。

产品 A 可控成本＝91＋232.5＋1 449＋1 234.38＋920＋1 720

＝5 646.88(元)

产品 B 可控成本＝91＋232.5＋161＋2 468.75＋230＋2 150

＝5 333.25(元)

其他批别产品可控成本＝728＋465＝1 193(元)

期间费用＝40＋246.87＋430＝716.87(元)

分配率＝2 650÷(5 646.88＋5 333.25＋1 193＋716.87)＝0.205 6

生产成本——产品 A＝5 646.88×0.205 6＝1 161(元)

生产成本——产品 B＝5 333.25×0.205 6＝1 096.52(元)

生产成本——其他＝1 193×0.205 6＝245.28(元)

期间费用＝2 650－1 161－1 096.52－245.28＝147.2(元)

(4) 列示成本计算单(见表9－7)。

表9－7 成本计算单 单位：元

项目	材料	订单	计划	采购	加工	搬运	装配	厂部	合计
产品 A	4 600	91	232.5	1 449	1 234.38	920	1 720	1 161	11 407.88
产品 B	3 360	91	232.5	161	2 468.75	230	2 150	1 096.52	9 789.77
其他		728	465					245.28	1 438.28
期间费用	40				246.87		430	147.2	864.07
合计	8 000	910	930	1 610	3 950	1 150	4 300	2 650	23 500

(5) 由于产品 A、产品 B 全部完工，因此成本计算单中列示的即为完工产品总成本。

产品 A 总成本＝11 407.88(元)

产品 A 单位成本＝11 407.88÷100＝114.08(元)

产品 B 总成本＝9 789.77(元)

产品 B 单位成本＝9 789.77÷10＝978.98(元)

教材习题解析

一、思考题

1. 为什么说传统的成本计算方法丧失了决策的有用性?

答：传统的成本计算方法丧失决策有用性主要表现在以下几个方面：

(1) 传统成本计算法在将间接成本计入最终产品或服务时采用单一的分配标准，并假定间接成本的支出有助于产品生产，这种情况在现代制造业中已发生改变。

(2) 传统成本计算法将间接成本按产量(或直接人工工时或机器工时等)分配给最终产品或服务，必然会导致生产数量多的产品要负担较多的间接成本，生产数量少的产品则负担较少的间接成本。显然，这种分配方式在间接成本随产量变动而变动的前提下是合适的，但在现代制造业中，产量只是引起间接成本变动的一个原因而不是唯一原因，甚至不再是主要原因。

(3) 虽然也有科学的责任会计系统和标准成本计算方法等与传统成本计算法相适应，但这些方法在成本性态上缺乏必然的联系，传统成本计算法无法实现这些方法的融合。

2. 什么是作业？作业有什么特点？

答：作业是基于一定目的、以人为主体、消耗一定资源的特定范围内的工作。

（1）作业是以人为主体的特定工作。掌握并且操纵各种机器设备的人仍然是现代制造业中各项具体生产工作的主体，也就是作业的主体。

（2）作业消耗一定数量的特定资源。作业以人为主体，要消耗一定的人力资源；作业是人力作用于物的工作，因而也要消耗一定种类、一定数量的物质资源。

（3）区分不同作业的标志是作业目的。在一个完备的制造企业中，其现代化程度越高，生产程序的设计和人员分工越合理，企业经营过程的可区分性也就越强。因此，可以把企业制造过程按照每一部分工作的特定目的区分为若干作业，每个作业负责该作业职权范围内的每一项工作，这些作业互补并且互斥，共同构成完整的生产经营过程。

（4）对于任何企业而言，作业按价值贡献可以分为增值作业和不增值作业。虽然不增值作业也消耗资源，但其消耗不是有效消耗，对制造产品本身并无直接贡献。

总之，作业的确立，就是将人和过程相结合的思考结果。

3. 按照价值贡献，作业应该如何分类？

答：作业按价值贡献可以分为增值作业和不增值作业，其中，增值作业是指能给顾客带来附加价值的作业，而不增值作业是指不能给顾客带来附加价值的作业。增值作业和不增值作业划分的立足点是从用户角度看作业的效果，即是否能达成"用户满意"以及在多大程度上达成"用户满意"。从用户的角度来分析作业实际上就是"用户满意"的思想在作业成本管理模式中的体现，是作业成本管理的重点。按作业的增值效率进一步把作业分为低增值作业和高增值作业是作业成本管理的延伸，相对来说，低增值作业具有改善的必要性和急迫性，高增值作业在短期内不必急于改善。

4. 什么是成本动因？成本动因的确定需要注意哪些问题？

答：成本动因是指导致成本变动的原因。应强调的是，成本动因必须按两个标准选择：（1）成本动因与资源消耗及（或）支持业务之间必须具有合理的因果关系。（2）有关成本动因的数据必须是可获得的。

5. 什么是资源动因？资源动因在作业成本计算法中有什么作用？

答：作业量的多少决定着资源的耗用量，这种资源量与作业量的关系称为资源动因。所谓资源动因，是指资源被各作业消耗的方式和原因。资源动因反映了作业对资源的消耗状况，因而是把资源耗费价值分解到各作业的依据。

资源进入企业并非都被消耗，即使被消耗也不一定都是对形成最终产出有意义的消耗。因此，作业成本计算法把资源作为成本计算对象，是要在价值形成的最初形态上反映被最终产品吸纳的有意义的资源耗费价值。也就是说，在这个环节，成本计算要处理两个方面的问题：一是区分有用消耗和无用消耗；二是区分消耗资源的作业状况，看资源是如何被消耗的，找到资源动因，按资源动因把资源耗费价值分解计入吸纳这些资源的不同作业中。

6. 作业成本计算法是如何将成本计算与成本管理相结合的？

答：由于作业成本计算法按照"产品消耗作业，作业消耗资源，资源形成成本"的思路把资源耗费的价值予以分解并分配给作业，再将归集到各作业的价值分配给最终产品或服务，从而形成产品或服务的成本。因此，在作业成本计算法的成本计算对象多层次、多元化时（大体上可以分为资源、作业、作业中心和制造中心几个层次），计算和管理的多层次、多元化、过程化、适应性得到了极大的提高，从而导致生产组织中作业的可分辨性极大增强，寓成本计算于成本管理之中，企业成本控制的观念和控制手段也达到了新的高度。

二、练习题

1. 答：

（1）企业通过改进产品设计和调整生产流程可以实现总成本的降低。企业改进产品设计，使得原本需要 10 吨钢材的生产任务现在只需要 6 吨，这意味着在生产相同数量的产品时，所需的材料量减少了，从而降低了直接材料成本。此外，生产流程的调整可能会提高生产效率，减少生产周期，降低生产成本和制造间接费用。

（2）如果 4 吨钢材退回仓库是因为材料质量不稳定，而车间为保证生产任务多领了钢材，责任应该由采购的相关人员承担，他们应该采购符合规定质量标准的材料。

企业可以通过以下手段降低成本：建立有效的供应链管理体系，确保供应商提供的材料符合质量要求，减少不稳定材料的使用；加强生产计划和需求预测，准确评估所需材料的数量，避免过度领取材料；加强管理层对材料采购和生产流程的监控和管理，确保资源的有效利用和成本的控制。

2. 答：

（1）直接材料费用的分配。由于材料直接耗用于 X110 型打印机，因此直接计入产品成本。

（2）将各作业中汇集的费用按分配率分配计入 X110 型打印机的成本。

$$材料管理＝50×10＝500（元）$$
$$机械制造＝10×65＝650（元）$$
$$组装＝16×80＝1\,280（元）$$
$$检验＝5×105＝525（元）$$

（3）X110型打印机的单位成本为直接费用与间接费用之和。

X110型打印机单位成本＝2 500＋500＋650＋1 280＋525＝5 455（元）

X110型打印机总成本＝5 455×50＝272 750（元）

3. 答：

（1）将本月资源耗费分别计入各资源户，即材料费12 500元，工资费12 000元，动力费500元，折旧费4 000元，办公费3 000元。

将各资源户归集的价值按资源动因分配计入各作业户。

1）对于直接材料，按各产品定额耗费价值计入各产品成本户，材料费用超出定额的差异计入期间费用。

生产成本——产品A＝120×50＝6 000（元）

生产成本——产品B＝20×300＝6 000（元）

期间费用＝12 500－6 000－6 000＝500（元）

2）其他费用按资源动因分配，其中工资费按各作业人员编制数分配，动力费按各作业耗电度数分配，折旧费、办公费为专属费用。其分配计算表如表9－8所示。

表9－8　资源耗费分配计算表　　金额单位：元

资源项目	金额	分配率	订单	计划	采购	加工	装配	搬运	厂部	合计
工资费	12 000	300元/人	600	600	1 200	3 600	3 600	600	1 800	12 000
动力费	500	0.5元/度	10	25	15	200	100	100	50	500
折旧费	4 000	专属	200	300	500	900	900	600	600	4 000
办公费	3 000	专属	200	300	400	500	400	200	1 000	3 000
合计	19 500		1 010	1 225	2 115	5 200	5 000	1 500	3 450	19 500

（2）将各作业汇集费用分配计入各批别产品的成本户。

1）订单作业。

每份订单成本＝1 010÷10＝101（元）

生产成本——产品A＝101×1＝101（元）

生产成本——产品B＝101×1＝101（元）

生产成本——其他＝101×8＝808（元）

2）计划作业。

每次计划成本＝1 225÷5＝245（元）

生产成本——产品A＝245×1＝245（元）

生产成本——产品B＝245×1＝245（元）

生产成本——其他＝245×3＝735(元)

3) 采购作业。

每次采购成本＝2 115÷20＝105.75(元)
生产成本——产品 A＝105.75×16＝1 692(元)
生产成本——产品 B＝105.75×4＝423(元)

4) 加工作业。加工作业月生产能力为 1 000 小时，本月加工产品实际耗用 900 小时，剩余 100 小时是未使用资源耗用工时，应计入期间费用。

分配率＝5 200÷1 000＝5.2(元/工时)
生产成本——产品 A＝5.2×300＝1 560(元)
生产成本——产品 B＝5.2×600＝3 120(元)
期间费用＝5 200－1 560－3 120＝520(元)

5) 装配作业。装配作业月生产能力为 1 200 小时，本月装配产品实际耗用 1 160 小时，剩余 40 小时是未使用资源耗用工时，应计入期间费用。

分配率＝5 000÷1 200＝4.166 7(元/工时)
生产成本——产品 A＝4.166 7×360＝1 500.01(元)
生产成本——产品 B＝4.166 7×800＝3 333.36(元)
期间费用＝5 000－1 500.01－3 333.36＝166.63(元)

6) 搬运作业。

每次搬运成本＝1 500÷20＝75(元)
生产成本——产品 A＝75×10＝750(元)
生产成本——产品 B＝75×10＝750(元)

7) 厂部作业。厂部作业是一项价值管理作业，应按照厂部可控费用比例在各批产品和期间费用之间进行分配。除直接材料定额费用之外，其他费用均可认为是可控费用。

产品 A 可控成本＝101＋245＋1 692＋1 560＋1 500.01＋750
　　　　　　＝5 848.01(元)
产品 B 可控成本＝101＋245＋423＋3 120＋3 333.36＋750
　　　　　　＝7 972.36(元)
其他批别产品可控成本＝808＋735＝1 543(元)
期间费用＝500＋520＋166.63＝1 186.63(元)
分配率＝3 450÷(5 848.01＋7 972.36＋1 543＋1 186.63)＝0.208 5
生产成本——产品 A＝0.208 5×5 848.01＝1 219.31(元)

生产成本——产品 B＝0.208 5×7 972.36＝1 662.24(元)

生产成本——其他＝0.208 5×1 543＝321.72(元)

期间费用＝3 450－1 219.31－1 662.24－321.72＝246.73(元)

（3）列示成本计算单（见表9-9）。

表 9-9 成本计算单   单位：元

项目	材料	订单	计划	采购	加工	装配	搬运	厂部	合计
产品 A	6 000	101	245	1 692	1 560	1 500.01	750	1 219.31	13 067.32
产品 B	6 000	101	245	423	3 120	3 333.36	750	1 662.24	15 634.6
其他		808	735					321.72	1 864.72
期间费用	500				520	166.63		246.73	1 433.36
合计	12 500	1 010	1 225	2 115	5 200	5 000	1 500	3 450	32 000

（4）由于产品 A、产品 B 全部完工，因此成本计算单中列示的即为完工产品总成本。

产品 A 总成本＝13 067.32(元)

产品 A 单位成本＝13 067.32÷120＝108.89(元)

产品 B 总成本＝15 634.6(元)

产品 B 单位成本＝15 634.6÷20＝781.73(元)

4. 答：

（1）计算每类客户的单位订单成本。

每份订单的成本＝4 500 000÷100 000＝45(美元)

第一类客户的单位订单成本＝45÷600＝0.075(美元)

第二类客户的单位订单成本＝45÷1 000＝0.045(美元)

第三类客户的单位订单成本＝45÷1 500＝0.03(美元)

（2）订单处理成本降低了 2 450 000 美元（(45－20)×100 000－50 000）。

原因：客户作业成本高可能是由于客户订单变化频繁、非标准化的供货要求或是对技术和销售人员的大量需求造成的。企业掌握了这些具体的信息后，就可以向客户说明这些要求所引起的成本，并促使客户与企业合作，采用一种花费较低的方式，以达到双赢的目的。通过作业成本法对客户成本的分析，管理者能更清晰地了解服务于各个客户需要进行哪些作业以及这些作业所消耗的资源，这样就为管理者降低成本、提高内部效率、增加利润提供了帮助。

C 第 10 章
Chapter 10 预算管理

☐ 学习目标

1. 理解预算的概念与预算管理的用途。

2. 掌握预算管理体系，了解全面预算的特点。

3. 掌握预算编制流程和编制方法，理解不同环境对预算编制流程和方法的影响。

☐ 学习指导

一、学习重点

1. 了解预算的概念及预算管理的基本原理，理解预算管理与企业内部管理之间的内在联系。

2. 准确理解和掌握预算管理的体系和结构，从而完整、科学地理解预算管理的本质。

3. 注意把握经营预算、财务预算和资本支出预算之间的勾稽关系。

4. 熟练掌握各种预算编制方法，准确理解各种预算编制方法的实质和适用性，并能针对不同的企业环境和管理要求，有效实施预算管理。

二、学习难点

1. 由于预算是以预测为基础进行的，因此要在充分理解经营预测的基础上，有效地把各章节的内容和方法融会贯通地运用到预算管理相关内容的学习和实践中。

2. 真正理解企业环境和管理要求对预算管理的影响，才能准确理解预算管理的实质，充分发挥预算管理的作用。

练习题

一、名词解释

1. 固定预算　　　　　　　　2. 弹性预算

3. 零基预算　　　　　　　　4. 滚动预算

5. 制造费用预算　　　　　　6. 现金预算表

7. 预计资产负债表

二、判断题

1. 预计产量＝预计销售量＋预计期末产成品存货量－预计期初产成品存货量。　　　　　　　　　　　　　　　　　　　　　（　　）

2. 企业生产经营预算通常是在生产预测的基础上进行预算的。
　　　　　　　　　　　　　　　　　　　　　　　　　　（　　）

3. 直接人工预算是以销售预算为基础编制的。　　　　　（　　）

4. 预计财务报表与实际财务报表的作用和格式都是类似的。
　　　　　　　　　　　　　　　　　　　　　　　　　　（　　）

第10章判断题
即测即评

5. 销售预算、生产预算等其他预算的编制，要以现金预算的编制为基础。
　　　　　　　　　　　　　　　　　　　　　　　　　　（　　）

6. 预计的财务报表也称总预算。　　　　　　　　　　　（　　）

7. 在编制制造费用预算时，需要将固定资产折旧从固定制造费用中扣除。
　　　　　　　　　　　　　　　　　　　　　　　　　　（　　）

8. 零基预算是根据企业上期的实际经营情况，考虑本期可能发生的变化编制出的预算。　　　　　　　　　　　　　　　　　　（　　）

9. 日常业务预算中的所有预算都能够同时反映经营业务和现金收支活动。
　　　　　　　　　　　　　　　　　　　　　　　　　　（　　）

10. 生产预算是以实物量为计量单位的预算。　　　　　（　　）

11. 弹性预算只是一种编制费用预算的方法。　　　　　（　　）

12. 预计财务报表的编制程序是先编制预计资产负债表，再编制预计利润表。
　　　　　　　　　　　　　　　　　　　　　　　　　　（　　）

13. 零基预算的编制基础与其他预算方法一致。　　　　（　　）

14. 概率预算反映了各预定指标在企业实际经营过程中可能发生的变化。　　　　　　　　　　　　　　　　　　　　　　　　（　　）

三、单项选择题

第10章单项选择题
即测即评

1. 生产预算的主要内容有生产量、期初和期末产成品存货及（　　）。

A. 资金量　　　　　　　　B. 工时量

C. 购货量

D. 销货量

2. 直接人工预算＝(　　　)×单位产品直接人工小时×小时工资率。

A. 预计生产量

B. 预计工时量

C. 预计材料消耗量

D. 预计销售量

3. (　　　) 是其他预算的起点。

A. 生产预算

B. 销售预算

C. 现金预算

D. 财务预算

4. 预计期初存货 50 件，期末存货 40 件，本期销售 250 件，则本期生产量为 (　　　) 件。

A. 250
B. 240
C. 260
D. 230

5. 下列预算中不涉及现金收支内容的项目为 (　　　)。

A. 销售预算

B. 生产预算

C. 制造费用预算

D. 产品成本预算

6. 企业的全面预算体系的终结为 (　　　)。

A. 现金预算

B. 销售预算

C. 预计财务报表

D. 资本支出预算

7. 变动制造费用预算的编制基础为 (　　　)。

A. 生产预算

B. 销售预算

C. 材料预算

D. 产品成本预算

8. 不属于经营预算内容的是 (　　　)。

A. 生产预算

B. 制造费用预算

C. 现金预算

D. 销售预算

四、多项选择题

1. 销售预算的主要内容有 (　　　)。

A. 销售收入

B. 销售费用

C. 销售数量

D. 销售价格

E. 销售时间

第 10 章多项选择题
即测即评

2. 通常完整的全面预算应包括 (　　　) 三部分。

A. 经营预算

B. 财务预算

C. 销售预算

D. 资本支出预算

E. 成本预算

3. 财务预算包括 (　　　)。

A. 现金预算

B. 资本支出预算

C. 预计利润表

D. 预计资产负债表

E. 资本收入预算

4. 现金预算表是各有关现金收支预算的汇总，通常包括（　　）四个组成部分。

A. 现金收入　　　　　　　　　　　B. 现金支出

C. 现金结余或不足　　　　　　　　D. 资金的筹集与安排

E. 资金的分配

5. 常用的预算编制方法包括（　　）。

A. 固定预算　　　　　　　　　　　B. 零基预算

C. 全面预算　　　　　　　　　　　D. 滚动预算

E. 弹性预算

6. 影响预计产量的因素有（　　）。

A. 预计销售量　　　　　　　　　　B. 预计期末产成品存货量

C. 预计期初产成品存货量　　　　　D. 预计采购量

E. 预计费用

7. 全面预算中，经营预算包括（　　）。

A. 现金预算　　　　　　　　　　　B. 销售预算

C. 生产预算　　　　　　　　　　　D. 销售及管理费用预算

E. 资本支出预算

8. 预计财务报表的编制基础包括（　　）。

A. 销售预算　　　　　　　　　　　B. 生产预算

C. 成本预算　　　　　　　　　　　D. 销售及管理费用预算

E. 现金预算

五、简答题

1. 简述零基预算的主要优缺点。

2. 简述滚动预算的主要优缺点。

3. 经营预算包括哪些主要内容？为什么说销售预算是编制关键？

4. 为什么要编制弹性预算？

六、计算题

1. 某工厂期初存货 250 件，本期预计销售 500 件。

要求：

（1）如果预计期末存货 300 件，本期应生产多少件？

（2）如果预计期末存货 260 件，本期应生产多少件？

2. 假设 A 公司只生产一种产品，销售单价为 200 元，预算年度内四个季度的销售量经测算分别为 250 件、300 件、400 件和 350 件。根据以往经验，销货款在当季可收到 60%，下一季度可收到其余的 40%。预计预算年度第 1 季度可收回上一年第 4 季度的应收账款 20 000 元。

要求：计算本年各季度销售活动的现金收入。

3. 假定预算期生产量为 50 件，每件产品耗费人工 25 小时，每人工小时价格为 20 元。

要求：计算直接人工预算。

练习题参考答案

一、名词解释

1. 固定预算，是一种最基本的预算编制方法，所涉及的各项预定指标均为某一业务量确定的预计数。

2. 弹性预算，是在变动成本法下，充分考虑预算期各预定指标（如销售量、售价及各种变动成本费用等）可能发生的变化，进而编制出的能适应各预定指标不同变化情况的预算。

3. 零基预算，主要用于各项费用的预算，其主要特点是各项费用的预算编制完全不受以往费用水平的影响，而是以零为起点，根据预算期企业的实际经营情况，按照各项开支的重要程度来编制预算。

4. 滚动预算，也称连续预算，它的预算期一般是一年，但是每执行完 1 个月的预算，就将这个月的经营成果与预算数进行对比，从中找出差异及原因，并据此对剩余 11 个月的预算进行调整，同时自动增加 1 个月的预算，使新的预算期仍旧保持为一年。

5. 制造费用预算，是除直接材料和直接人工以外的其他产品成本预算。这些成本按照其与生产量的相关性可分为变动制造费用和固定制造费用两类（即通常所说的成本性态分类）。

6. 现金预算表，是所有有关现金收支预算的汇总，通常包括现金收入、现金支出、现金结余或不足，以及资金的筹集与安排等。

7. 预计资产负债表，反映的是企业预算年度期末各资产负债账户的预计余额，企业管理者可以据此了解企业未来一期的财务状况，以便采取有效措施，防止企业出现不良财务状况。

二、判断题

1. √	2. ×	3. ×	4. ×
5. ×	6. √	7. √	8. ×
9. ×	10. √	11. ×	12. ×
13. ×	14. √		

三、单项选择题

1. D	2. A	3. B	4. B
5. B	6. C	7. A	8. C

四、多项选择题

1. ACD 　　　2. ABD 　　　3. ACD 　　　4. ABCD

5. ABDE 　　6. ABC 　　　7. BCD 　　　8. ABCDE

五、简答题

1. 简述零基预算的主要优缺点。

答：零基预算不是以承认现实的基本合理性为出发点，而是以零为起点，从而避免了原来不合理的费用开支对预算期费用的影响，具有能够充分、合理、有效地配置资源，减少资金浪费的优点，特别适用于那些较难分辨其产出的服务性部门。但是，零基预算的方案评级和资源分配具有较大的主观性，容易引起部门间的矛盾。

2. 简述滚动预算的主要优缺点。

答：滚动预算在执行过程中，可以随时对预算进行调整，从而避免预算期过长导致预算脱离实际、无法指导实际工作。滚动预算保持一年的预算期，使管理者对企业的未来有一个较为稳定的视野，有利于保证企业经营管理工作稳定有序地推进。但是，滚动预算的延续工作会耗费大量的人力、物力，代价较大。

3. 经营预算包括哪些主要内容？为什么说销售预算是编制关键？

答：经营预算的主要内容包括销售预算、生产预算和销售及管理费用预算等。其中，生产预算包括产量预算、直接材料预算、直接人工预算、制造费用预算、产品成本预算以及期末产成品存货预算。

在社会主义市场经济条件下，企业被推向市场，企业的生存不再取决于上级主管部门的意志，而是取决于市场对企业的接纳程度，取决于企业能否生产出适销对路、质量合格、满足市场需要的产品，市场决定着企业的生存和发展。对企业产品销售的预测，也可以说是对企业生存和发展的预测。

在以销定产的方式下，有关企业产品销售的预算对于其他预算（产品成本预算、利润预算以及资金需要量预算等）起着决定性的作用。因为销售预算是其他预算的起点，并且销售收入是企业现金收入最主要的来源，因此，销售预算是制定企业经营决策最重要的依据。只有在完善销售预算的前提下，才能相互衔接地开展并完善其他各项经营预算。

4. 为什么要编制弹性预算？

答：在企业实际经营过程中，由于市场环境等因素的影响，预算期的各项指标，如销售量、售价及各种变动成本费用等都可能发生变化，弹性预算就是在变动成本法下，充分考虑各预定指标在预算期可能发生的变化，而编制出的能适应不同情况下各预定指标的预算，从而使得预算对企业在预算期的实际情况更加具有针对性。在实际工作中，企业可以根据实际业务情况选择执行相应的预算，并按此评价与考核各部门的预算执行情况。

六、计算题

1. 答:

(1) 本期生产量＝300＋500－250＝550(件)

(2) 本期生产量＝260＋500－250＝510(件)

2. 答:

第 1 季度现金收入＝20 000＋250×200×60％＝50 000(元)

第 2 季度现金收入＝250×200×40％＋300×200×60％＝56 000(元)

第 3 季度现金收入＝300×200×40％＋400×200×60％＝72 000(元)

第 4 季度现金收入＝400×200×40％＋350×200×60％＝74 000(元)

3. 答:

直接人工预算＝50×25×20＝25 000(元)

📖 教材习题解析

一、思考题

1. 持"超越预算"观点的人认为:"永远不变的是变化",以至于"年度预算,编制一年",预算编制"耗时耗力,得不偿失"。你对此有何感想?怎样才能解决环境变动下的预算管理有效性问题?

答:即使在变动的环境下,预算管理的有效性依然可以得到保障:对固定项目(如固定资产折旧、无形资产摊销、管理人员的计时工资、固定办公费用等)可以编制固定预算;对变动项目(如商品的购买价格、构成产品实体的材料消耗、生产人员的计件工资等)可以编制弹性预算;对预算期没有预计到的项目(如临时订单、新产品投产、突如其来的投资机会等),可以编制补充预算;预算期内的项目如果发生了变动(如原订单取消、经营环境发生重大变化等),可以编制变更预算。此外,还可以通过滚动预算来协调战略预算和年度经营预算。只要认真分析预算项目形成和变动的原因,了解预算管理的本质和各子预算的相互关系,就能解决环境变动下的预算管理有效性问题。

2. 哪些企业需要编制全面预算?小企业需要编制预算吗?

答:全面预算是企业的一项重大经营管理决策活动,也是一项工作量大、涉及面广、时效性强、操作复杂的系统工程,包括预算的编制、执行、考核,以及预算管理的实际运转。预算管理以企业的发展战略目标和基本策略为原则,并以良好的组织架构、明确的职责分工和权限划分以及完善的流程为基础。因此,符合这些条件的企业都应该编制全面预算。为保证预算工作的有序进行和有效实施,在管理体制上,一般要求企业在内部设立专门的预算管理委员会负责预算的编制并监督预算的实施。

预算虽是一项管理工具，但是如果运用不当，也有可能给企业带来一些负面影响。如强化集中控制、僵化、费时费力、鼓励机会主义行为，等等。对于那些成长型的企业，以及规模较小、各部门间关系较为松散的企业，过分强调预算的控制作用就不恰当了。所以，企业在运用预算时不应过分夸大预算的功能，只有在充分了解自身需求的基础上，正确认识预算对本企业的作用，才能够建立起一套行之有效的预算系统，并在企业管理中发挥其最大效用。对于小企业而言，如果编制预算的利益大于其耗费，编制预算就是可行的。

3. 一个企业只能采用一种预算编制方法吗？为有效控制企业的经营活动和结果，企业能否结合使用各种预算编制方法？试结合不同类型企业进行思考。

答：企业编制预算时，往往结合使用多种编制方法。如对固定费用项目使用固定预算编制方法，可按合同约定或三年平均数列示；对变动费用项目使用弹性预算编制方法，可按变动原因计算后列示。而生产部门（成本中心）根据其生产分工和具体任务，以作业分析为基础，使用弹性预算或固定预算的编制方法，确定本部门的预算支出；职能部门（费用中心）根据其岗位职责和具体任务，以作业分析为基础，使用零基预算的方法，确定本部门的预算支出。

4. 请你设计一个生产车间（成本中心）的预算框架，确定主体指标、辅助指标及其相互关系。

答：把生产车间设置为成本中心，以产品质量和生产效率作为提升其价值的主要指标，并以降低生产成本为次要目标。其实现途径是：在确保产品质量的情况下，提高材料利用率、工时利用率、设备利用率，最终以提高劳动生产率的方式降低生产成本。

二、练习题

1. 答：

现金预算补全后如表10-1所示。

表10-1 现金预算 单位：元

项目	第1季度	第2季度	第3季度	第4季度	全年
期初现金余额	4 500	5 000	5 800	5 312.5	4 500
加：现金收入	10 500	15 000	20 000	21 000	66 500
可动用现金合计	15 000	20 000	25 800	26 312.5	71 000
减：现金支出					
直接材料费用	3 000	4 000	4 000	4 000	15 000
直接人工费用	1 300	1 500	1 600	1 600	6 000
间接制造费用（付现）	1 200	1 200	1 200	1 200	4 800
销售和管理费用	1 000	1 000	1 000	1 000	4 000

续表

项目	第 1 季度	第 2 季度	第 3 季度	第 4 季度	全年
购置设备	5 000	—	—	—	5 000
支付所得税	7 500	7 500	7 500	7 500	30 000
现金支出合计	19 000	15 200	15 300	15 300	64 800
现金结余或不足	−4 000	4 800	10 500	11 012.5	6 200
筹措资金					
向银行借款	9 000	1 000			10 000
归还借款			5 000	5 000	10 000
支付利息			187.5	237.5	425
期末现金余额	5 000	5 800	5 312.5	5 775	5 775

2. 答：

编制 3 月、4 月的现金预算，如表 10 - 2 所示。

表 10 - 2　现金预算　　　　　　　　　　单位：元

项目	3 月	4 月
期初现金余额	50 000	78 000
加：现金收入	120 000	190 000
减：现金支出		
购原材料	70 000	140 000
工资	15 000	15 000
租金	5 000	5 000
其他费用	2 000	3 000
税金	—	80 000
现金支出合计	92 000	243 000
现金结余或不足	78 000	25 000
从银行借款		25 000
期末现金余额	78 000	50 000

3. 答：

（1）编制预计利润表，如表 10 - 3 所示。

表 10 - 3　预计利润表　　　　　　　　　　单位：万元

销售收入	240
销售成本（240×60%）	144
毛利（240−144）	96

续表

生产费用及其他	60
税前利润	36
所得税	9
净利润	27

（2）编制预计资产负债表，如表10-4所示。

表10-4　预计资产负债表　　　　　　　　　单位：万元

货币资金	10	应付账款	6
应收账款	40	短期借款	2.5
存货	18	长期负债	22.5
固定资产	50	实收资本	20
		未分配利润	67
资产总计	118	负债和所有者权益总计	118

C 第 11 章

Chapter 11　业绩考核

学习目标

1. 了解以企业为主体的业绩考核指标的优缺点，掌握其与其他考核方法之间的关联。

2. 了解责任和责任中心的实质，掌握不同责任中心的业绩考核指标的应用思路和方法。

3. 了解 EVA 的经济内涵，掌握 EVA 业绩考核的思路和方法。

4. 了解平衡计分卡的基本原理和方法，掌握不同战略下平衡计分卡的应用思路。

学习指导

一、学习重点

1. 掌握以企业为主体的业绩考核指标及其运用，并了解杜邦分析体系的作用。

2. 掌握以责任中心为主体的业绩考核的方法和运用，并有效运用指标评价成本中心、利润中心和投资中心的绩效，了解剩余收益与 EVA 之间的逻辑发展关系。

3. 掌握 EVA 的概念、基本理念和基本模型体现的管理内涵，理解 EVA 调整的内容和意义，了解 EVA 与传统业绩考核指标相比的优点。

4. 了解平衡计分卡业绩考核的优点，掌握平衡计分卡的基本框架、内容和应用。

二、学习难点

1. 如何分别从投资者和各级管理者的角度理解和把握业绩考核的内涵、方法和应用（分别表现为以企业为主体和以责任中心为主体的业绩考核）。

2. 如何从投资者和管理者相结合的角度理解和把握业绩考核的内涵、方法和应用（表现为基于 EVA 和企业战略的业绩考核）。

3. 基于 EVA、企业战略的业绩考核体系和传统业绩考核体系相比有很大差异，要注重结合实际案例学习和理解这两种业绩考核体系，不仅要思考二者的结合问题，也要思考战略与战术的结合问题。

练习题

一、名词解释

1. 杜邦分析法
2. 责任会计
3. 成本中心
4. 自然利润中心
5. 人为利润中心
6. 投资中心
7. 内部结算价格
8. 投资报酬率
9. 剩余收益
10. 经济增加值
11. 平衡计分卡
12. 战略管理地图

二、判断题

第 11 章判断题
即测即评

1. 企业越是下放经营管理权，越要加强内部控制。所以很多大型企业将各级、各部门按其权力和责任的大小划分为各种责任中心，实行分权管理。　　　　　　　　　　　　　　　　　　（　　）

2. 对企业来说，几乎所有的成本都可以视为可控成本，一般不存在不可控成本。　　　　　　　　　　　　　　　　　　　　（　　）

3. 一项成本对于较高层次的责任中心来说是可控成本，对于其下属的较低层次的责任中心来说，可能就是不可控成本；同样，较低层次责任中心的可控成本，也有可能是其所属的较高层次责任中心的不可控成本。　　（　　）

4. 利润中心获得的利润中有该利润中心不可控因素的影响时，可以不进行调整。　　　　　　　　　　　　　　　　　　　　　　　（　　）

5. 一般来说，只有独立核算的企业才能具备作为完全的利润中心的条件，企业内部的自然利润中心应属于不完全的自然利润中心。　　（　　）

6. 通常，利润中心被看成是一个可以用利润衡量其业绩的组织单位，因此，凡是可以计量出利润的单位都是利润中心。　　　　　　（　　）

7. 计划制造成本型内部结算价格的不足之处是没有与各个责任中心真正创造的利润联系起来，不能有效调动责任中心增加产量的积极性。　（　　）

8. 企业内部结算价格无论怎样变动，企业的利润总额都不变，变动的只是

企业内部各责任中心的收入或利润的分配份额。 （ ）

9. 以剩余收益指标评价投资中心的业绩时，可以使业绩考核与企业的目标协调一致，但该指标不利于不同部门之间的比较。 （ ）

10. 剩余收益和投资报酬率可以起到互补作用，剩余收益弥补了投资报酬率的不足，可以在投资决策方面使投资中心利益与企业整体利益取得一致，并且也可以用于两个规模不同的投资中心进行横向比较。 （ ）

11. EVA 指调整后的税后净营业利润扣除企业全部资本经济价值的机会成本后的余额，突出反映了股东价值的增量。 （ ）

12. 不直接决定某项成本的人员，即使对该项成本的支出施加重要影响，也不应对该项成本承担责任。 （ ）

三、单项选择题

1. 责任会计产生的直接原因是（ ）。

A. 行为科学的产生和发展

B. 运筹学的产生和发展

C. 分权管理

D. 跨国公司的产生

第 11 章单项选择题
即测即评

2. 若企业的生产部门、采购部门都是成本中心，由于材料质量不合格造成的生产车间超过消耗定额成本差异部分应由（ ）负担。

A. 生产车间   B. 采购部门

C. 生产车间与采购部门共同   D. 企业总部

3. （ ）把企业的使命和战略转变为目标和各种指标，它并不是对传统战略和评估方法的否定，而是对其的进一步发展和改进。

A. 剩余收益   B. EVA

C. 业绩金字塔   D. 平衡计分卡

4. 利润中心不具有（ ）。

A. 价格制定权   B. 投资决策权

C. 生产决策权   D. 产品销售权

5. 成本中心的责任成本是指（ ）。

A. 产品成本   B. 生产成本

C. 可控成本   D. 不可控成本

6. 杜邦分析体系是以（ ）为中心指标，经层层分解所形成的指标评价体系。

A. 净资产报酬率   B. 销售净利率

C. 资产周转率   D. 权益乘数

7. 下列有关权益乘数的计算公式错误的是（ ）。

A. 权益乘数＝所有者权益/资产

B. 权益乘数＝1/（1－资产负债率）

    C. 权益乘数＝资产/所有者权益

    D. 权益乘数＝1＋产权比率

  8. 杜邦分析体系是利用财务比率之间的关系来综合分析评价企业的财务状况，在所有比率中最综合、最具有代表性的财务比率是（　　　）。

    A. 资产报酬率   B. 净资产报酬率

    C. 权益乘数   D. 资产周转率

  9. 不直接影响企业的净资产报酬率的指标是（　　　）。

    A. 权益乘数   B. 销售净利率

    C. 资产周转率   D. 股利支付比率

  10. 某企业 2×23 年度相关财务指标如下：资产负债率为 50％，销售净利率为 8％，总资产周转次数为 4 次，则净资产报酬率为（　　　）。

    A. 56％   B. 72％   C. 64％   D. 48％

四、多项选择题

  1. 对于利润中心来说，责任利润的一般表现形式有（　　　）

    A. 净利润   B. 销售毛利

    C. 部门贡献毛益   D. 营业利润

    E. 息税折旧摊销前利润

第 11 章多项选择题
即测即评

  2. 完全的自然利润中心应具有（　　　）。

    A. 产品销售权   B. 价格制定权

  C. 材料采购权   D. 生产决策权

  E. 人事任免权

  3. A 公司生产车间发生的折旧费用对于（　　　）来说是可控成本。

    A. 公司厂部   B. 生产车间

    C. 生产车间下属班组   D. 辅助生产车间

    E. 设备管理部门

  4. 下列有关成本中心的说法中，正确的是（　　　）。

    A. 成本中心不对生产能力的利用程度负责

    B. 成本中心不进行设备购置决策

    C. 成本中心不对固定成本负责

    D. 成本中心应严格执行产量计划，不应超产或减产

    E. 成本中心只对变动成本负责

  5. 下列说法中正确的有（　　　）。

    A. 下级成本中心的可控成本必然为上级成本中心可控

    B. 利润中心的可控成本必然为投资中心可控

C. 某项成本是否为某一责任中心可控，不仅取决于该责任中心的业务内容，而且取决于该责任中心所管辖的业务内容的范围

D. 凡是直接成本均为可控成本

E. 凡是间接成本均为不可控成本

6. 由于不同类型、不同层次的利润中心可控范围不同，因而用于考核与评价利润中心的指标有（　　）。

A. 投资报酬率　　　　　　　　B. 销售毛利

C. 剩余收益　　　　　　　　　D. 部门贡献毛益

E. 营业利润

7. EVA 与传统财务指标的最大不同，就是充分考虑了投入资本的机会成本，使得 EVA 具有（　　）的突出特点。

A. 度量的是资本利润　　　　　B. 度量的是企业的利润

C. 度量的是资本的社会利益　　D. 度量的是资本的超额收益

E. 度量的是利润总额

8. 平衡计分卡通过（　　）指标体系的设计来阐明和沟通企业战略，促使个人、部门和企业的行动方案协调一致，以实现企业价值最大化和长期发展的目标。

A. 客户维度　　　　　　　　　B. 内部运营维度

C. 学习与成长维度　　　　　　D. 企业使命维度

E. 财务维度

9. 下列各项中，可能直接影响企业净资产报酬率指标的措施有（　　）。

A. 提高销售净利率　　　　　　B. 提高资产负债率

C. 提高资产周转率　　　　　　D. 提高流动比率

E. 提高速动比率

10. 从杜邦等式可知，提高资产报酬率的途径有（　　）。

A. 加强负债管理，提高负债比率

B. 加强资产管理，提高资产周转率

C. 加强销售管理，提高销售净利率

D. 增强资产流动性，提高流动比率

E. 加强现金流量管理，缩短现金周转期

五、简答题

1. 试简述以企业为主体的业绩考核指标体系。

2. 试简述以责任中心为主体的业绩考核指标体系。

3. 试简述平衡计分卡的基本框架和应用步骤。

六、计算题

1. 某投资中心 2×23 年的资产总额为 10 000 万元，部门贡献毛益为 2 500 万元，部门间接费用为 0。现在有一个投资报酬率为 15% 的机会，投资额为 5 000万元，每年部门贡献毛益为 700 万元，资本成本率为 10%。

要求：

（1）计算该投资中心目前的投资报酬率。

（2）是否接受新的投资项目？分别计算投资报酬率和剩余收益来说明。

2. 请对下列问题进行决策：

（1）A 企业开发具有市场竞争优势的甲项目，资本投入为 1 000 万元，资产收益率为 15%，资本成本率为 10%。问：是否应该投资甲项目？

（2）再假设甲项目的竞争优势期为 5 年。在这 5 年中，竞争对手群起仿效，将使该项目逐渐失去竞争优势，资产收益率逐年递减，直至 5 年后回归到 10%的水平（见表 11 - 1）。

表 11 - 1 数据表

年度	RONA－WACC	EVA
1	5%	50
2	4%	40
3	3%	30
4	2%	20
5	1%	10
6	0	0

假设本例中贴现率 r 为 10%。问：甲项目 EVA 现值是多少？是否应该投资？

（3）A 企业下设两个部门，其中，部门 1 从 700 万元乙项目投资中得到 18%的回报率，部门 2 从 300 万元丙项目投资中得到 8% 的回报率，则第一年总资产收益率为：$18\% \times 700/(700+300) + 8\% \times 300/(700+300) = 15\%$。

如果两个部门的未来收益率每年下降 1%，与（2）中收益率一致（见表 11 - 1），A 企业资本总额依然是 1 000 万元。问：是否应从部门 1 或部门 2 撤回投资？

（4）如果从部门 2 撤回投资，各年情况如表 11 - 2 所示，根据 EVA 现值计算的结果，将如何决策呢？

表 11 - 2 数据表

年度	RONA－WACC	EVA
1	8%	56
2	6.4%	44.8
3	4.8%	33.6

续表

年度	RONA－WACC	EVA
4	3.2%	22.4
5	1.6%	11.2
6	0	0

练习题参考答案

一、名词解释

1. 杜邦分析法，是利用几种重要的财务比率之间的关系来综合分析企业财务状况的一种方法。它主要评价公司盈利能力和股东权益回报水平，是从财务角度评价企业绩效的一种经典方法，其基本思想是将企业净资产报酬率逐级分解为多个财务比率的乘积，从而有助于深入分析和比较企业的经营业绩。

2. 责任会计，是指以企业内部的各个责任中心为会计主体、以责任中心可控的资金运动为对象、对责任中心进行控制和考核的一种会计制度。责任会计是伴随着会计核算和会计管理向企业内部纵深发展而产生的一种服务于企业内部管理的会计制度，这种制度要求将企业内部按照可控责任划分为各个责任中心，然后为每个责任中心编制责任预算并按责任中心组织核算工作，最后通过预算与实际执行结果的比较分析来考核各个责任中心的业绩，并兑现奖惩。

3. 成本中心，是指只发生成本（费用）而不取得收入的责任中心。任何只发生成本的责任领域都可以确定为成本中心。对这类责任中心只是考核成本，而不考核其他内容。

4. 自然利润中心，是指既发生成本，又能对外销售产品，取得实际销售收入的责任中心。

5. 人为利润中心，是指既发生成本，又能取得内部销售收入的责任中心。它的产品并不直接对外销售，而是以包含利润的内部结算价格提供给企业内部的其他单位。

6. 投资中心，是指既发生成本又能取得收入、获得利润，还有权进行投资的责任中心。该责任中心不仅要对责任成本、责任利润负责，还要对投资收益负责。投资中心应拥有较大的生产经营决策权，实际上相当于一个独立核算的企业，如总公司下属的独立核算的分公司或分厂。

7. 内部结算价格，是指在责任会计体系中，企业内部的每一个责任中心都是作为相对独立的商品生产经营者存在的，为了分清经济责任，各责任中心之间的经济往来应当按照等价交换的原则实行"商品交换"。各责任中心之间相互提供产品（或劳务）时，要按照一定的价格，采用适当的结算方式进行计价结算。这种计价结算并不真正动用企业货币资金，而是一种观念上的货币结算，是一种资金限额指标的结算。计价结算过程中使用的价格，称为内部结算价格。

8. 投资报酬率，是投资中心一定时期的营业利润和该期间的投资占用额之比。该指标反映通过投资返还的价值，是企业从一项投资中得到的经济回报。该指标是全面评价投资中心的各项经营活动、考评投资中心业绩的综合性质量指标，它既能揭示投资中心的销售利润水平，又能反映资产的使用效果。

9. 剩余收益，是指投资中心的利润扣减其投资占用额（或净资产占用额）按规定（或预期）的最低收益率计算的投资收益后的余额，是一个部门的营业利润超过其预期最低收益的部分。

10. 经济增加值，是指调整后的税后净营业利润（NOPAT）扣除企业全部资本经济价值的机会成本后的余额，公式为 $EVA = NOPAT - C \times WACC = (RONA - WACC) \times C$，其中，$C$ 为全部资本的经济价值（包括权益资本和债权资本）；$RONA$ 为资产收益率；$WACC$ 为企业加权平均资本成本。可见，企业可以通过增加税后净营业利润、减少资本占用或降低加权平均资本成本来提高 EVA。它提供了一种可靠的尺度来反映管理行为是否增加了股东财富，以及增加股东财富的数量。

11. 平衡计分卡，并没有否定传统战略和评估方法，而是对其进一步发展和改进，把企业的使命和战略转变为目标和各项指标。在保留财务维度目标和指标的基础上，加上了客户、内部运营、学习与成长三个维度。平衡计分卡通过四大维度指标体系的设计来阐明和沟通企业战略，促使个人、部门和企业的行动方案协调一致，以实现企业价值最大化和长期发展的目标。

12. 战略管理地图，平衡计分卡既是一种战略管理工具，也是一种战略管理思想。将平衡计分卡和企业的战略融合在一起，就形成了战略管理地图。它可以帮助企业用连贯、系统和整体的方式来看待企业的战略。通过战略管理地图，有助于企业更加精确地定位客户的价值取向，增进内部运营活动能力，增强学习与成长能力，最终实现股东价值最大化的目标。

二、判断题

1. √	2. √	3. ×	4. ×
5. √	6. ×	7. √	8. √
9. √	10. ×	11. √	12. ×

三、单项选择题

1. C	2. B	3. D	4. B
5. C	6. A	7. A	8. B
9. D	10. C		

四、多项选择题

1. BCD	2. ABCD	3. AB	4. ABD
5. AC	6. BDE	7. ACD	8. ABCE
9. ABC	10. BC		

五、简答题

1. 试简述以企业为主体的业绩考核指标体系。

答：以企业为主体的业绩考核最初以考核利润为目标，后来以考核净资产报酬率为目标，往往追求企业利润最大化或股东财富最大化。这种考核主要用于企业投资者对企业的业绩考核，也经常用于母公司对子公司、分公司的业绩考核。

(1) 基于利润的单项业绩考核指标。由于利润是企业一定期间内经营收入和经营成本、费用的差额，反映当期经营活动中的投入与产出的对比结果，在一定程度上体现了企业经济效益的高低，因而追求利润最大化往往可以给企业利益相关者带来好处。

基于利润的业绩考核指标往往根据考核的需要而定，主要包括销售利润率、成本费用利润率、投资报酬率、净资产报酬率和资产报酬率等，针对上市公司经常采用每股收益、每股股利等指标。

(2) 基于净资产报酬率的杜邦分析体系。杜邦分析法是利用几种重要的财务比率之间的关系来综合分析企业财务状况的一种方法，它克服了传统评价指标只能从某一特定角度对企业财务状况和经营成果进行分析的局限性，其基本思想是将企业净资产报酬率逐级分解为多个财务比率指标的乘积，从而有助于深入分析和比较企业的经营业绩。

2. 试简述以责任中心为主体的业绩考核指标体系。

答：(1) 成本中心。由于成本中心只对所报告的责任成本或责任费用承担责任，所以成本中心业绩考核的主要指标是标准责任成本、责任成本差异等。责任成本差异是指责任成本实际数额与责任成本预算数额之间的差额，反映了责任成本预算的执行结果。责任成本考核是对责任成本预算指标完成情况所进行的考察、审核，以及对成本中心的工作绩效所进行的考核。为此，成本中心业绩考核的主要指标是责任成本增减额、责任成本升降率等。

(2) 利润中心。对利润中心工作业绩进行考核的重要指标是其可控利润，即责任利润。如果利润中心获得的利润中有该利润中心不可控因素的影响，则必须进行调整。将利润中心的实际责任利润与责任利润预算进行比较，可以反映出利润中心责任利润预算的完成情况。

不同类型、不同层次的利润中心的可控范围不同，用于评价的责任利润指标也不同，具体有销售毛利、部门贡献毛益和营业利润三种不同层次的表现形式。

（3）投资中心。投资中心不仅要对责任成本、责任利润负责，还要对投资收益负责。因而对投资中心进行业绩考核时，既要考核其收益状况，也要结合投入资金全面衡量投资报酬率的高低和投资效果的好坏。一般来说，投资中心的业绩考评有两个重要的财务指标：投资报酬率和剩余收益。

3. 试简述平衡计分卡的基本框架和应用步骤。

答：平衡计分卡主要包括四个维度：

（1）财务维度。尽管财务指标的及时性和可靠性受到质疑，但是财务指标仍然具有其他指标不可替代的功能。财务绩效指标可显示企业的战略及其实施和执行是否正在为最终经营结果的改善做出贡献。财务指标衡量的主要内容包括：收入的增长和结构、降低成本、提高生产率、资产的利用和投资战略等。

（2）客户维度。平衡计分卡要求企业将使命和战略诠释为具体的与客户相关的目标和要点，在这个过程中企业应当关注是否满足核心客户的需求，而不是企图满足所有客户的偏好。客户维度指标衡量的主要内容包括：市场份额、老客户挽留率、新客户获得率、客户满意度、从客户处获得的利润率等。

（3）内部运营维度。通常是在制定财务和客户维度的目标和指标后，才制定企业内部运营维度的目标与指标，这个顺序使企业能够抓住重点，专心衡量那些与股东和客户目标息息相关的流程。内部运营维度指标主要涉及企业业务流程和管理流程的改良、创新过程、经营过程和售后服务过程等。

（4）学习与成长维度。学习与成长维度的目标为其他三个维度的目标实现提供了基础架构，是驱使上述三个维度获得卓越成功的动力。学习与成长维度指标主要涉及员工的能力、信息系统的能力以及激励、授权与相互配合等。

在平衡计分卡的发展过程中特别强调描述战略背后的因果关系，借助客户维度、内部运营维度、学习与成长维度评估指标的完成，从而达到最终的财务目标。

每个企业都可以根据自身的情况来设计各自的平衡计分卡，大体上可以遵循以下几个步骤：（1）定义企业战略；（2）就战略目标达成一致意见；（3）选择和设计评价指标；（4）制订实施计划。

六、计算题

1. 答：

（1）该投资中心的投资报酬率。

$$营业利润＝部门贡献毛益－部门间接费用＝2\,500－0＝2\,500（万元）$$

$$投资报酬率＝\frac{营业利润}{投资占用额}＝\frac{2\,500}{10\,000}\times 100\%＝25\%$$

（2）对整个企业来说，由于新项目的投资报酬率高于资本成本率，应当利用这个投资机会，但是对于投资中心来说，此时

营业利润＝部门贡献毛益－部门间接费用＝2 500＋700－0＝3 200（万元）

投资占用额＝10 000＋5 000＝15 000（万元）

$$投资报酬率＝\frac{营业利润}{投资占用额}＝\frac{3\ 200}{15\ 000}\times100\%＝21.3\%<25\%$$

所以投资中心会放弃这个项目。如果使用剩余收益作为评价标准，此时

剩余收益＝部门贡献毛益－部门资产总额×资本成本率

＝2 500－10 000×10％＝1 500（万元）

接受投资方案后剩余收益＝部门贡献毛益－部门资产总额×资本成本率

＝（2 500＋700）－（10 000＋5 000）×10％

＝1 700（万元）＞1 500 万元

所以，应该接受新项目。

2. 答：

（1）由于资产收益率＞资本成本率，企业获利 5％，应该投资。

（2）根据表 11-1 资料计算甲项目 EVA 现值。

EVA 现值＝50×$(P/F,10\%,1)$＋40×$(P/F,10\%,2)$＋30

　　　×$(P/F,10\%,3)$＋20×$(P/F,10\%,4)$＋10×$(P/F,10\%,5)$

＝50×0.909＋40×0.826＋30×0.751＋20×0.683＋10×0.621

＝120.89（万元）

该项目为企业创造的 EVA 现值为 120.89 万元，值得投资。

（3）部门 1 乙项目的投资收益率为 18％，大于资本成本率，因而 $EVA>0$；而部门 2 丙项目的投资收益率为 8％，小于资本成本率，因而 $EVA<0$，部门 2 毁灭了价值。应该从部门 2 撤回投资。

（4）根据表 11-2 资料计算从部门 2 撤回投资后未来 EVA 的现值。

EVA 现值＝56×$(P/F,10\%,1)$＋44.8×$(P/F,10\%,2)$＋33.6

　　　×$(P/F,10\%,3)$＋22.4×$(P/F,10\%,4)$＋11.2×$(P/F,10\%,5)$

＝56×0.909＋44.8×0.826＋33.6×0.751＋22.4×0.683

　　　＋11.2×0.621

＝135.4（万元）

也就是说部门 2 的存在毁灭了 14.51 万元（120.89－135.4）的企业价值。如果从部门 2 这样的价值毁灭性部门或项目里抽回资本，就能提高企业价值。

教材习题解析

一、思考题

1. 如果企业的利润率由 10% 提高到 15%，作为投资人，你将如何进行评价？你认为利润率指标在评价中有何缺点？

答：不能简单地认为企业业绩有了很大的提高。利润率是由利润和收入计算得出的，是基于利润的业绩考核与评价标准，相对于其他业绩考核指标有一定的缺点。(1) 利润的计算依赖财务报表中的历史数据，仅能反映过去某段时间企业的经营成果，无法体现企业未来的发展状况。(2) 以利润为导向的考核指标仅反映财务信息，而没有体现管理层主观努力的效果和公司的经营状况。(3) 没有考虑货币时间价值，因此可能激励了短期行为，为了降低成本而放弃更新设备、开发新产品等活动，从而损害了企业长期利益。(4) 不能有效地考虑风险因素，无法正确反映企业目标。

2. 考核评价指标从基于利润到剩余收益再到经济增加值的发展说明了什么？

答：利润是企业一定期间经营收入和经营成本、费用的差额，反映当期经营活动中投入与产出的对比结果，但是由于利润是根据财务报表数据直接计算出来的，而财务报表的编制受到会计制度的约束，因而不能准确反映企业的财务状况和经营成果。利润的计算没有扣除企业权益资本的成本，导致成本计算不完全，因此无法准确判断企业为股东创造的财富数量，只能在一定程度上体现企业经营效益的高低。而剩余收益评价指标是根据企业获得的利润扣减其净资产占用额（或投资占用额）按规定（或预期）的最低收益率计算的投资收益后的余额，是一个部门的营业利润超过其预期最低收益的部分。经济增加值评价指标则充分考虑投入资本的机会成本，它可以提供一种可靠的尺度来反映管理行为是否增加了股东财富，以及增加股东财富的数量。企业经济增加值持续增长意味着公司市场价值的不断增加和股东财富的增加，从而实现股东财富最大化的财务目标。

3. 投资中心应设置哪些业绩考核指标？这些指标之间有什么关系？

答：投资中心是指除了能够控制成本、收入和利润之外还能对投入的资金进行控制的中心。一般来说，投资中心的业绩考评有两个重要的财务指标：投资报酬率和剩余收益。

投资报酬率是投资中心一定时期的营业利润和该期间的投资占用额之比，是企业从一项投资活动中得到的经济回报。它全面评价了投资中心各项经营活动，是业绩考评的综合性指标，并且能用于不同规模投资活动的横向比较。但是投资报酬率也有其局限性。它可能会导致管理者拒绝接受超出企业平均投资报酬率但低于该投资中心现有报酬率的投资项目，有损企业的整体利益。此外，它还可能导致决策的短期行为，从而损害企业的长期利益。

剩余收益是指投资中心的利润扣减其投资占用额按规定的最低收益率计算的投资收益后的余额，是一个部门的营业利润超过其预期最低收益的部分。

　　剩余收益和投资报酬率可以起到互补作用，剩余收益弥补了投资报酬率的不足，可以使投资中心利益与企业整体利益取得一致，并且剩余收益允许不同的投资中心使用不同的风险调整资本成本。

　　4. 如何理解成本可控与否是相对的？这与责任中心所处管理层次的高低、管理权限的大小以及控制范围的大小有直接关系吗？

　　答：成本的可控与不可控是相对而言的，这与责任中心所处管理层次的高低、管理权限的大小以及控制范围的大小有直接关系。对企业来说，所有成本都可以视为可控成本，一般不存在不可控成本；而对于企业内部的各个部门、车间、班组来说，则既有各自专属的可控成本，又有各自的不可控成本。一项成本对于较高层次的责任中心来说是可控成本，对于其下属的较低层次的责任中心来说，可能是不可控成本；反过来，较低层次责任中心的可控成本一定是其上级较高层次责任中心的可控成本。如生产车间发生的工艺布局费用对于生产车间而言属于可控成本，但对于其下属的班组来说则属于不可控成本。责任中心当期发生的各项可控成本之和就是它的责任成本。

　　5. 经济增加值考核的是企业利润吗？

　　答：不是。

　　第一，经济增加值度量的是资本利润，而不是通常的企业利润。经济增加值从资本提供者角度出发，度量资本在一段时期内的净收益。只有净收益高于资本的社会平均收益（资本"保值"需要的最低收益），资本才能增值。企业会计利润衡量的是企业一段时间内产出和消耗的差异，而不关注资本的投入规模、投入时间、投入成本和投资风险等重要因素。

　　第二，不同投资者在不同环境下，对资本具有不同的获利要求。经济增加值剔除了资本的"个性"特征，同一风险水平的资本的最低收益要求并不因持有人和具体环境不同而不同。因此，经济增加值度量的是资本的社会利润，而不是具体资本在具体环境中的个别利润，这使经济增加值度量有了统一的标尺，并体现了企业对所有投资的平等性。

　　第三，经济增加值度量的是资本的超额收益，而不是利润总额。为了留住逐利的资本，企业的利润率不应低于相同风险的其他企业一般能够达到的水平，这个"最低限度的可以接受的利润"就是资本的正常利润。经济增加值度量的正是高出正常利润的那部分利润，而不是通常的利润总额。

　　6. 如何看待业绩考核要兼顾财务指标和非财务指标？

　　答：兼顾财务指标和非财务指标的业绩考核指标体系是比较科学的。传统的业绩考核指标体系只关注以收益为基础的财务数据，这仅能衡量过去决策的结果，无法评估未来的绩效表现，容易误导企业的发展方向。同时，当财务指标成为企业绩效考核的唯一指标时，容易使经营者过分注重短期财务结果。在一定程度上，也使经营者变得急功近利，有强烈动机操纵报表上的数据，而不愿就企业长期战略目标进行资本投资。所以，将财务指标和非财务指标综合起来的业绩考核指标体系在定量考评和定性考评之间、客观考评和主观考评之间、组织短期增长和长期增长之间寻求平衡，更能全面有效地评价企业业绩。

二、练习题

1. 答：

甲公司有关财务比率数据见表 11 - 3。

表 11 - 3　财务比率数据表

时间	净资产报酬率	资产报酬率	权益乘数	销售净利率	资产周转率
2×22 年	14.93%	7.39%	2.02	4.53%	1.63
2×23 年	12.12%	6%	2.02	3%	2

（1）两个年度的财务比率数据比较来看，净资产报酬率降低了 2.81%，说明对投资者的回报水平下降了。

（2）净资产报酬率降低 2.81% 的原因是资产报酬率降低了 1.39%，说明资产的盈利能力下降了。该企业对负债的利用维持了上一年的水平。

（3）资产报酬率降低 1.39% 的不利影响在于销售净利率降低了 1.53%，说明产品的盈利能力下降了。但资产周转率加快了，说明资产的利用水平提高了。

（4）该企业面临的最大问题是产品盈利能力下降问题。

2. 答：

（1）该分部的投资报酬率＝500 000/2 000 000×100%＝25%

（2）该分部的投资报酬率＝3 000 000/30 000 000×100%＝10%

比较而言，投资报酬率为 25% 的分部比投资报酬率为 10% 的分部做得更好，因为更高的投资报酬率体现了该分部更高的综合盈利能力。

3. 答：

（1）未裁掉两个亏损部门（软件产品事业部、IT 服务事业部）前的总利润：

9 000－11 000－12 000＝－14 000（元）

裁掉两个亏损部门（软件产品事业部、IT 服务事业部）后的总利润：

9 000－（1 000＋5 000）－（2 000＋15 000）＝－14 000（元）

所以裁掉这两个亏损部门不会增加公司总利润。

（2）只要边际贡献为正，这个部门就不应该被裁。

软件产品事业部的边际贡献＝50 000－25 000－10 000－20 000

$$＝－5 000(元)$$

IT 服务事业部的边际贡献＝70 000－30 000－30 000－5 000＝5 000(元)

所以软件产品事业部应该被裁，而 IT 服务事业部不应该被裁。此时

公司总利润＝9 000－(1 000＋5 000)－12 000＝－9 000(元)

公司增加了 5 000 元（－9 000－(－14 000)）的净利润。

C 第 12 章

企业管理会计报告

学习目标

1. 了解管理会计报告的概念，在相互联系的基础上掌握管理会计报告与财务会计报告的区别。

2. 了解管理会计报告的分类及其与前述各章内容的关联。

3. 了解管理会计报告的不同形式，掌握不同管理会计报告的内容和作用。

学习指导

一、学习重点

1. 理解管理会计报告的概念、分类。

2. 明晰管理会计报告与财务会计报告的区别和联系。

3. 理解管理会计报告同预算管理、成本管理、本-量-利分析和经营决策的关系。

二、学习难点

1. 管理会计报告的具体形式与运用。

2. 管理会计报告的数智化前沿发展。

练习题

一、名词解释

1. 管理会计报告

2. 战略层管理会计报告

3. 经营层管理会计报告

4. 业务层管理会计报告

二、判断题

1. 企业内部流转着各种报告形式的文本，如战略规划报告、人力资源报告、研究开发报告、绩效评价报告等，所有这些内部报告都是管理会计报告。   （   ）

2. 管理会计的目标就是管理会计报告的终极目标。
（   ）

第 12 章判断题
即测即评

3. 战略层管理会计报告需要细微和局部的信息，帮助制定战略的信息，以及对战略执行情况反馈，帮助进一步优化资源配置的信息。（   ）

4. 经营层需要对接战略层，根据战略层的战略意图进行本管理层级的管理，保证其部门的顺畅运行和资源的合理使用。   （   ）

5. 业务层管理会计报告应根据企业内部各部门、车间或班组的核心职能或经营目标进行设计。   （   ）

6. 图表式的管理会计报告往往能够准确测定数据。   （   ）

三、单项选择题

1. 下列属于管理会计报告的编报原则的是（   ）。

A. 准确原则　　　　　　　　　B. 客观原则

C. 及时原则　　　　　　　　　D. 一致原则

第 12 章单项选择题
即测即评

2. 企业管理会计报告可以按照多种标准进行分类，其中，按照（   ）分类是最能体现不同管理、不同需要的基本分类。

A. 企业管理会计报告使用者所处的管理层级

B. 企业管理会计报告内容

C. 管理会计功能

D. 责任中心

3. 业务层管理会计报告不包括（   ）。

A. 资金管理报告　　　　　　　B. 配送业务报告

C. 售后服务业务报告　　　　　D. 研究开发报告

4. 表格式报告的优点是（   ）。

A. 保证了重要信息不被淹没在细节之中

B. 变化趋势清晰易懂

C. 直观

D. 提供详细的数据

5. 下列不属于管理会计报告中常见的非财务信息的是（   ）。

A. 市场份额及变动趋势　　　　B. 净利润

C. 开发新流程的时间　　　　　D. 新产品销售数量及变动趋势

第12章多项选择题
即测即评

四、多项选择题

1. 下列属于管理会计报告的编报原则的有（　　）。

A. 成本收益原则　　　　B. 标准化原则

C. 比较原则　　　　　　D. 清晰原则

E. 客观原则

2. 战略管理报告的内容包括（　　）。

A. 内外部环境分析

B. 战略选择与目标设定

C. 战略评价

D. 主要风险识别与评估

E. 股权变更

3. 经营层管理会计报告通常包括（　　）。

A. 投资分析报告　　　　　　B. 成本管理报告

C. 绩效评价报告　　　　　　D. 融资分析报告

E. 经营分析报告

4. 业务层管理会计报告通常包括（　　）。

A. 生产业务报告　　　　　　B. 销售业务报告

C. 采购业务报告　　　　　　D. 人力资源报告

E. 项目可行性报告

5. 图表式的管理会计报告包括（　　）。

A. 曲线图　　　　　　　　　B. 摘要式

C. 柱形图　　　　　　　　　D. 鱼骨图

E. 表格式

五、简答题

1. 试简述管理会计报告与财务会计报告的关系。

2. 试简述管理会计报告的基本分类。

3. 试简述管理会计报告的形式及其特点。

4. 试简述管理会计报告的流程。

练习题参考答案

一、名词解释

1. 管理会计报告，是指企业运用管理会计方法，根据财务和业务的基础信息加工整理形成的，满足企业价值管理和决策支持需要的内部报告。

2. 战略层管理会计报告，是为战略层开展战略规划、决策、控制和评价以及其他方面的管理活动提供相关信息的对内报告。

3. 经营层管理会计报告，是为经营管理层开展与经营管理目标相关的管理活动提供相关信息的对内报告。

4. 业务层管理会计报告，是为企业开展日常业务或作业活动提供相关信息的对内报告。其报告的对象是企业的业务部门、职能部门以及车间、班组等。

二、判断题

1. ×　　　　2. √　　　　3. ×　　　　4. √

5. √　　　　6. ×

三、单项选择题

1. C　　　　2. A　　　　3. A　　　　4. D

5. B

四、多项选择题

1. ABCD　　2. ABC　　　3. ABCD　　4. ABCD

5. ACD

五、简答题

1. 试简述管理会计报告与财务会计报告的关系。

答：管理会计报告和财务会计报告既有区别，又有联系。

（1）二者的联系体现在：第一，二者均以企业经营活动为基础，通过财务信息以及非财务信息为企业内外的利益相关者提供决策支持，是现代会计信息系统的重要组成部分。第二，管理会计报告弥补了财务会计报告的不足。管理会计报告更详尽和具体地揭示了企业运营管理、战略实施等各个方面，而且不受会计准则的约束，更为灵活和多样地满足企业运营或管理的需要。相比之下，财务会计报告有一套规范的概念、准则、原则体系，使得不同企业的会计信息可比，便于信息使用者比较分析，但也限制了企业各级管理者根据运营管理等需要从新的维度来进行分析和阐释信息。管理工作所需要的机动性和动态性，使得管理者对信息的要求也机动、动态、多维度。管理会计报告与财务会计报告结合，可以为内部管理者和外部信息使用者提供更综合的信息。第三，管理会计报告与财务会计报告互相影响和促进。内部与外部的划分是相对的，有些本属于内部管理会计报告的内容在对外披露时，也会作为财务会计报告的附属部分。外部信息使用者对信息的诉求会使得信息披露规则发生变化，原本管理会计报告的内容也可能会进入对外披露之列。企业也会出于种种考虑，自愿披露一些管理会计报告的信息。企业管理者在进行管理会计决策时，也会利用财务会计报告，此时财务会计报告也变成了管理会计报告的一部分。

（2）二者的区别体现在：管理会计报告和财务会计报告在编制基础、服务对象、报告内容、报告的范围、报告的期间、计量方式、信息类型、规范要求等方面存在诸多差异。二者之间的区别也是管理会计与财务会计之间的区别的具体体现。表12-1展示了管理会计报告与财务会计报告的区别。

表12-1   管理会计报告与财务会计报告的区别

项目	管理会计报告	财务会计报告
编制基础	财务信息和非财务信息	财务信息为主
服务对象	服务于对管理会计信息有需求的各个层级、各个环节的管理者	主要服务于外部使用者
报告内容	不限于反映企业整体的经营活动情况，可以根据决策需要对某个局部、某个细节、某个流程、某个产品、某个责任人等编报各类相关信息	主要反映企业整体的财务状况、经营成果和现金流量情况
报告的范围	不限于历史信息，将影响企业未来决策的重要信息都纳入报告范围	主要反映历史信息
报告的期间	可以根据管理的需要和管理会计活动的性质设定报告期间。一般应以日历期间（月份、季度、年度）作为企业管理会计报告期间，也可以根据特定需要设定企业管理会计报告期间	定期编制，以月份、季度、年度作为会计报告期间
计量方式	不限于货币计量	货币计量
信息类型	数据信息与非数据信息并重，根据管理决策需要选取不同的信息类型	主要披露财务会计的数据信息，非数据信息只是数据信息的补充
规范要求	格式灵活	受会计准则等相关制度的规范，格式统一

2. 试简述管理会计报告的基本分类。

答：企业管理会计报告可以按照多种标准进行分类，包括但不限于：按照企业管理会计报告使用者所处的管理层级可以分为战略层管理会计报告、经营层管理会计报告和业务层管理会计报告；按照企业管理会计报告内容不同可以分为综合企业管理会计报告和专项企业管理会计报告；按照管理会计功能可以分为管理规划报告、管理决策报告、管理控制报告和管理评价报告；按照责任中心可以分为投资中心报告、利润中心报告和成本中心报告；按照报告主体整体性程度可以分为整体报告、总部报告和分部报告。

3. 试简述管理会计报告的形式及其特点。

答：（1）图表式报告。图表式报告比单纯的数字更直观，使得变化趋势或者数据之间的关系更为清晰易懂。图表可以让读者把握主要因素之间的关系，或者直接切中要害之处，但图表往往不能准确测定数据。

（2）摘要式报告。在向战略层提供管理会计报告时，需要有针对性选择他们关心的重要数据。虽然摘要式报告没有提供所有的细节，但保证了重要信息不被淹没在细节之中。

（3）表格式报告。表格式报告集中提供详细的数据，注重从数据出发来说明经营管理中的问题。它不追求直观，不停留于概要方面，而是通过详尽的数据来说明问题。

4. 试简述管理会计报告的流程。

答：管理会计报告的流程包括报告的编制、审核、呈报和运用等环节。管理会计报告由管理会计信息归集、处理并报送的责任部门编制。企业应根据报告的内容、重要性和报告对象等，确定不同的流程，经审核后的报告方可报出。企业管理会计报告可以根据报告性质、管理需要进行逐级呈报或直接呈报。由于管理会计报告会比对外报告揭示更多的细节，为了保护商业机密，企业应建立管理会计报告使用的授权制度，报告使用人应在权限范围内使用企业管理会计报告。

教材习题解析

一、思考题

1. 什么是管理会计报告？它有哪些基本作用？

答：（1）根据财政部 2017 年发布的《管理会计应用指引第 801 号——企业管理会计报告》：管理会计报告是指企业运用管理会计方法，根据财务和业务的基础信息加工整理形成的，满足企业价值管理和决策支持需要的内部报告。

（2）管理会计报告试图去归纳、设计、规范管理会计的信息输出，以更好地实现管理会计工作的目标。管理会计报告的边界与管理会计的边界相同，管理会计覆盖哪些内容和方面，作为管理会计工作呈现方式之一的管理会计报告就需要努力去覆盖哪些内容和方面。管理会计的目标就是管理会计报告的终极目标。企业可以通过管理会计报告去设计和打造一个上下联通的信息沟通和控制渠道，使管理者的决策能力和员工的执行能力在瞬息万变的经营环境下始终与公司战略保持一致，从而持续地提升公司价值。

2. 管理会计报告与财务会计报告的主要区别和联系是什么？

答：管理会计报告和财务会计报告既有区别，又有联系。

（1）二者的联系体现在：第一，二者均以企业经营活动为基础，通过财务信息以及非财务信息为企业内外的利益相关者提供决策支持，是现代会计信息系统的重要组成部分。第二，管理会计报告弥补了财务会计报告的不足。管理会计报告更详尽和具体地揭示了企业运营管理、战略实施等各个方面，而且不受会计准则的约束，更为灵活和多样地满足企业运营或管理的需要。相比之下，财务会计报告有一套规范的概念、准则、原则体系，使得不同企业的会计信息可比，便于信息使用者比较分析，但也限制了企业各级管理者根据运营管理等需要从新的维度来进行分析和阐释信息。管理工作所需要的机动性和动态性，使得管理者对信息的要求也机动、动态、多维度。管理会计报告与财务会计报告结合，可以为内部管理者和外部信息使用者提供更综合的信息。第三，管理会计报告与财务会计报告互相影响和促进。内部与外部的划分是相对的，有些本属于内部管理会计报告的内容在对外披露时，也会作为财务会计报告的附属部分。外部信息使用者对信息的诉求会使得信息披露规则发生变化，原本管理会计报告的内容也可能会进入对外披露之列。企业也会出于种种考虑，自愿披露一些管理会计报告的信息。企业管理者在进行管理会计决策时，也会利用财务会计报告，此时财务会计报告也变成了管理会计报告的一部分。

（2）二者的区别体现在：管理会计报告和财务会计报告在编制基础、服务对象、报告内容、报告的范围、报告的期间、计量方式、信息类型、规范要求等方面存在诸多差异。二者之间的区别也是管理会计与财务会计之间的区别的具体体现。表12-2展示了管理会计报告与财务会计报告的区别。

表12-2　管理会计报告与财务会计报告的区别

项目	管理会计报告	财务会计报告
编制基础	财务信息和非财务信息	财务信息为主
服务对象	服务于对管理会计信息有需求的各个层级、各个环节的管理者	主要服务于外部使用者
报告内容	不限于反映企业整体的经营活动情况，可以根据决策需要对某个局部、某个细节、某个流程、某个产品、某个责任人等编报各类相关信息	主要反映企业整体的财务状况、经营成果和现金流量情况
报告的范围	不限于历史信息，将影响企业未来决策的重要信息都纳入报告范围	主要反映历史信息
报告的期间	可以根据管理的需要和管理会计活动的性质设定报告期间。一般应以日历期间（月份、季度、年度）作为企业管理会计报告期间，也可以根据特定需要设定企业管理会计报告期间	定期编制，以月份、季度、年度作为会计报告期间
计量方式	不限于货币计量	货币计量
信息类型	数据信息与非数据信息并重，根据管理决策需要选取不同的信息类型	主要披露财务会计的数据信息，非数据信息只是数据信息的补充
规范要求	格式灵活	受会计准则等相关制度的规范，格式统一

3. 战略层管理会计报告编制的主要依据和方法有哪些？

答：战略层是指企业的最高决策层，其决策直接影响企业的成败，且这一影响会长期存在。因此，战略层管理会计报告编制的主要依据是反映宏观经济环境和产业政策、行业未来发展前景和企业资源优势的全局性、综合性的信息，以优化资源配置。

战略层管理会计报告应精炼、简洁、易于理解，报告主要结果、主要原因，并提出具体的建议。战略层管理会计报告包括但不限于战略管理报告、综合业绩报告、价值创造报告、经营分析报告、风险分析报告、重大事项报告、例外事项报告等。这些报告可独立提交、也可根据不同需要整合后提交。具体论述如下。

（1）战略管理报告。报告的内容一般包括内外部环境分析、战略选择与目标设定、战略执行及其结果，以及战略评价等。战略管理报告一般是在 SWOT 分析、价值链分析等战略分析基础上，侧重于本企业与竞争对手的优劣对比，列示获取竞争优势的要素（如产品、市场份额、定价、成本、产量等方面的信息），依此制定企业竞争战略、设定竞争目标、规划战略执行的路径和方法、进行战略评价。

（2）综合业绩报告。报告的内容一般包括关键绩效指标预算及其执行结果、差异分析以及其他重大绩效事项等。综合业绩报告是在设定竞争目标的基础上，基于获取竞争优势的要素确定关键绩效指标，依此编制战略预算（通常表现为企业的资本预算），在战略执行中对预算执行结果进行差异分析，并修订和完善战略。

（3）价值创造报告。报告的内容一般包括价值创造目标、价值驱动的财务因素与非财务因素、内部各业务单元的资源占用与价值贡献，以及提升公司价值的措施等。

（4）经营分析报告。报告的内容一般包括过去经营决策执行情况回顾、本期经营目标执行的差异及其原因、影响未来经营状况的内外部环境与主要风险分析、下一期的经营目标及管理措施等。

（5）风险分析报告。报告的内容一般包括企业全面风险管理工作回顾、内外部风险因素分析、主要风险识别与评估、风险管理工作计划等。

（6）重大事项报告。是针对企业的重大投资项目、重大资本运作、重大融资、重大担保事项、关联交易等事项进行的报告。

（7）例外事项报告。是针对企业发生的管理层变更、股权变更、安全事故、自然灾害等偶发性事项进行的报告。

4. 各经营层管理会计报告与前述相应章节之间的主要关联是什么？

答：（1）全面预算管理报告。报告的内容一般包括预算目标制定与分解、预算执行差异分析以及预算考评等。其中，反映预算目标制定与分解的全面预算管理报告，其基本种类、格式和内容可以参考教材第 10 章；反映预算执行差异分析以及预算考评的全面预算管理报告，其基本种类、格式和内容可以参考教材第 8 章。

（2）投资分析报告。报告的内容一般包括投资对象、投资额度、投资结构、投资进度、投资效益、投资风险和投资管理建议等。其中，综合反映投资经济可行性评价的投资分析报告（如现金流量预测、投资决策指标的选择、项目可行性评估等）可以参考教材第7章。

（3）成本管理报告。报告的内容一般包括成本预算、实际成本及其差异分析、成本差异形成的原因以及改进措施等。其中，反映成本预测和成本预算的成本管理报告的基本种类、格式和内容可以参考教材第4章、第8章和第10章等；反映实际成本及其差异分析、成本差异形成的原因以及改进措施等的成本管理报告的基本种类、格式和内容可以参考教材第8章、第9章。

（4）绩效评价报告。报告的内容一般包括绩效目标、关键绩效指标、实际执行结果、差异分析、考评结果以及相关建议等。绩效评价报告可以以企业或责任中心为主体编制，其关键绩效指标可以是利润、利润率、EVA等，编制方法可以基于财务指标也可以基于财务指标和非财务指标的结合（如平衡计分卡），其基本种类、格式和内容可以参考教材第11章。

5. 你认为管理会计报告编制最重要的要求是什么？

答：管理会计报告的最根本目的是支持管理决策、提升企业价值。对于管理会计报告的各种编制原则，在不同情境下不同原则的重要性和意义也会有所差异。但一般来讲，最重要的要求是责任匹配原则和成本收益原则。责任匹配原则强调报告应该服务于不同层级的管理者，只有与之匹配才能更好地创造价值。成本收益原则是制约因素，片面追求报告外在形式的美观，不考虑成本也无法创造价值。

二、计算题

1. 答：

全部产品生产成本表填列如表12-3所示。

表12-3　全部产品生产成本表（按产品种类反映）

2×××年12月　　　　　　　　　　　　　　　　金额单位：元

产品名称	实际产量（件）		单位成本				本月总成本		
	本月	本年累计	上年实际平均	本年计划	本月实际	本年累计实际平均	按上年实际平均单位成本计算	按本年计划单位成本计算	本月实际
可比产品									
合计							53 000	46 000	48 100
其中：A	500	4 000	80	70	75	72	40 000	35 000	37 500
B	200	3 000	65	55	53	52	13 000	11 000	10 600
不可比产品									
合计								22 000	21 800

续表

产品名称	实际产量（件）		单位成本				本月总成本		
	本月	本年累计	上年实际平均	本年计划	本月实际	本年累计实际平均	按上年实际平均单位成本计算	按本年计划单位成本计算	本月实际
其中：C	60	400		100	90	110		6 000	5 400
D	80	800		200	205	210		16 000	16 400
全部产品成本合计								68 000	69 900

2. 答：

产品产量的影响＝10×20×(9 000－8 000)＝200 000(元)

单位产品工时的影响＝10×(18－20)×9 000＝－180 000(元)

小时工资率的影响＝(12－10)×18×9 000＝324 000(元)

影响合计＝200 000－180 000＋324 000＝344 000(元)

中国人民大学出版社　管理分社

教师教学服务说明

　　中国人民大学出版社管理分社以出版工商管理和公共管理类精品图书为宗旨。为更好地服务一线教师，我们着力建设了一批数字化、立体化的网络教学资源。教师可以通过以下方式获得免费下载教学资源的权限：

★　在中国人民大学出版社网站 www.crup.com.cn 进行注册，注册后进入"会员中心"，在左侧点击"我的教师认证"，填写相关信息，提交后等待审核。我们将在一个工作日内为您开通相关资源的下载权限。

★　如您急需教学资源或需要其他帮助，请加入教师 QQ 群或在工作时间与我们联络。

中国人民大学出版社　管理分社

🔔　**教师 QQ 群**：648333426(工商管理)　114970332(财会)　648117133(公共管理)
　　教师群仅限教师加入，入群请备注(学校＋姓名)

☎　**联系电话**：010-62515735，62515987，62515782，82501048，62514760

✉　**电子邮箱**：glcbfs@crup.com.cn

📍　**通讯地址**：北京市海淀区中关村大街甲 59 号文化大厦 1501 室（100872）

管理书社　　　　　　　　　　人大社财会　　　　　　　公共管理与政治学悦读坊